COLLECTION POÉSIE

PHILIPPE JACCOTTET

Paysages avec figures absentes

GALLIMARD

© *Éditions Gallimard, 1970.*
© *Éditions Gallimard, 1976,*
pour la nouvelle édition revue et augmentée.

*Paysages avec
figures absentes*

Je n'ai presque jamais cessé, depuis des années, de revenir à ces paysages qui sont aussi mon séjour. Je crains que l'on ne finisse par me reprocher, si ce n'est déjà fait, d'y chercher un asile contre le monde et contre la douleur, et que les hommes, et leurs peines (plus visibles et plus tenaces que leurs joies) ne comptent pas assez à mes yeux. Il me semble toutefois qu'à bien lire ces textes, on y trouverait cette objection presque toute réfutée. Car ils ne parlent jamais que du réel (même si ce n'en est qu'un fragment), de ce que tout homme aussi bien peut saisir (jusque dans les villes, au détour d'une rue, au-dessus d'un toit). Peut-être n'est-ce pas moins utile à celui-ci (en mettant les choses au pis) que de lui montrer sa misère; et sans doute cela vaut-il mieux que de le persuader que sa misère est sans issue, ou de l'en détourner pour ne faire miroiter à ses yeux que de l'irréel (deux tentations contraires, également dangereuses, entre lesquelles oscillent les journaux et beaucoup de livres actuels). Des cadeaux nous sont encore faits quelquefois, surtout quand nous ne l'avons pas demandé, et de certains d'entre eux, je m'attache à comprendre le lien qui les lie à notre vie profonde, le sens qu'ils ont par rapport à nos rêves les plus constants. Comme si, pour parler bref, le sol était un pain, le ciel un vin, s'offrant à la fois et se dérobant au cœur : je ne saurais expliquer autrement ni ce qu'ont poursuivi tant de peintres (et ce qu'ils continuent quelquefois à poursuivre), ni le pouvoir que le monde exerce encore sur eux et, à travers leurs œuvres, sur nous. Le monde ne peut devenir absolument étranger qu'aux morts (et ce n'est même pas une certitude).

Mais je ne veux pas dresser le cadastre de ces contrées, ni rédiger leurs annales : le plus souvent, ces entreprises les dénaturent, nous les rendent étrangères; sous prétexte d'en fixer les contours, d'en embrasser la totalité, d'en saisir l'essence, on les prive du mouvement et de la vie; oubliant de faire une place à ce qui, en elles, se dérobe, nous les laissons tout entières échapper. J'ai pu seulement marcher et marcher encore, me souvenir, entrevoir, oublier, insister, redécouvrir, me perdre. Je ne me suis pas penché sur le sol comme l'entomologiste ou le géologue : je n'ai fait que passer, accueillir. J'ai vu ces choses, qui elles-mêmes, plus vite ou au contraire plus lentement qu'une vie d'homme, passent. Quelquefois, comme au croisement de nos mouvements (ainsi qu'à la rencontre de deux regards il peut se produire un éclair, et s'ouvrir un autre monde), il m'a semblé deviner, faut-il dire l'immobile foyer de tout mouvement? Ou est-ce déjà trop dire? Autant se remettre en chemin...

Plus qu'aucune autre saison, j'aime en ces contrées l'hiver qui les dépouille et les purifie. Une saison pour les anges, à condition d'oublier les fades images à quoi les religions en vieillissant les rabaissent (petites créatures roses, joufflues, ou fantômes sans nerf), et de les imaginer tels qu'ils peuvent seulement être, s'ils sont : puissances promptes et limpides, navettes aveuglantes éternellement occupées à tisser, au-delà de toute allégresse, l'étoffe de la lumière. Car se sont éteints les feux tendres des fleurs, se sont tus leurs aveux et leurs appels, refermés leurs yeux; car sont tombées au sol, qu'elles n'encombrent même plus, toutes ces verdures qui avaient édifié pour les rêves ou le souvenir de trop sournois asiles, pavillons d'ombre pareils à la grotte où Didon et Énée s'enfermèrent, fuyant un orage pour un autre, non moins humide, non moins brûlant; l'esprit cesse d'entendre les conseils de ce qui brûle, se tord, se renverse et soupire, de ce qui serpente et se dénoue, l'invitation de ce qui cache, enveloppe et captive, le pressant murmure de la chaleur; le regard est libre de courir au loin, de mesurer l'espace et d'en rejoindre les éléments.

Les herbes qui frémissaient, pleines d'insectes dans leurs mailles à perte de vue, se sont desséchées, couchées, changées en paille; les arbres ne sont plus, à contre-jour, que du charbon couronné de fumée, et ailleurs de la poussière suspendue; et les labours montrent la terre sombre, lourde, muette comme une sorte de sphinx affleurant.

Les couleurs solaires, le sang et l'or, colère et richesse, où est-ce passé? Du monde, pour un temps, lions et taureaux s'absentent, sans qu'il en paraisse affaibli. Plus de conquêtes, sinon pour le seul regard! Et le bleu n'est plus une matière, c'est une distance et un songe. Et le vert qui persiste dans le lierre et l'yeuse se couvre de cendre ou d'ombre, comme une pensée qui veut se garder secrète, et s'adjoindre la mort pour mieux durer.

La force qu'ici l'hiver célèbre, ce n'est donc pas celle qui triomphe par le fracas et la rapidité des armes, celle qui, survenue d'en haut, fauche et piétine, avec des étendards, des trompes, des panaches, des trophées; c'est la force qui dure et supporte, celle qui est en bas, patiente, immobile, recueillie, portant couleurs de bure et de buis, d'humilité et de silence; c'est le passé épais, c'est le sombre, l'immémorial; c'est comme un monument de pierre qui, au lieu de s'élever pour imposer, se réduirait à une immense et profonde assise qu'il faudrait se pencher pour honorer (et le lierre qui ne monte pas, qui reste attaché au sol, est nommé « couronne de terre ») : au-dessus de quoi l'espace s'est fait d'autant plus vaste, d'autant plus ouvert, pour qu'y passent plus librement les brillants véhicules du jour, lavés des allusions et des fautes de la couleur.

On dirait maintenant que font accord le solide et l'ajouré : un instant, la terre a l'air d'une grande barque de bois éprouvé, gréée de ciel clair, un instant seulement, car l'image, si elle insiste, gêne. Il y a bien, pourtant, cette vieillesse touchante des vieilles fontaines creusées dans des troncs au plus sombre des forêts, des vieilles carènes qui ont beaucoup porté (autant de morts, celles-là, que celles-ci de poissons); et il y a bien, dans les arbres, à la place des feuilles, cette blancheur, ce battement de lointains... Et le monde, si l'on y songe, n'est pas à l'ancre...

... Il y a de grandes étendues pleines de pierres : le chêne vert y réussit encore à pousser, avec ses feuilles comme autant d'épineuses carapaces d'insectes en fin de mue. Sous ces pierres que la charrue déplace en crissant (le soc si net que l'on y pourrait voir voler des reflets de pigeons, et l'homme qui le pousse, c'est comme s'il voulait enfouir des miroirs dans la terre, y enfoncer le ciel glacé; et à rêver un peu plus seulement, on croit suivre une étrave d'eau dans une houle de vieux bois), sous ces pierres s'élabore lentement une espèce de charbon parfumé, ou de noires éponges contractées aux pores pleins de terre, que les chiens flairent, exhument, précisément en cette saison froide avec laquelle s'accorde leur noirceur minière; petites boules de charbon qui se consument peu à peu, non en chaleur, mais en parfum, un parfum presque écœurant à force d'intensité, comme montant d'un autre monde... Les seules bêtes qui s'accommodent de ces pâtures de pierres sont les moutons qui en ont la teinte, avec leur naïveté farouche, presque muette, portant leur fourrure effilochée et sale tels des saints Jean-Baptiste. La nuit, on peut les entendre doucement bêler sous la lune, à laquelle on les dirait voués comme au fanal laiteux de leur étable. Le jour, ce sont des pèlerins un peu hagards qui procèdent, suscitant devant leur cortège une crépitation de sauterelles, pierreries sans cesse éclipsées par leur écrin trompeur...

... On rencontre aussi des genévriers; et bien qu'ils ne soient jamais plantés en figures régulières, ayant poussé tout seuls au hasard du vent, ils ne semblent pas vraiment épars; on les croirait groupés simplement selon des combinaisons plus mystérieuses, des espèces de constellations terrestres dont ils seraient les astres : c'est qu'ils ont aussi quelque chose de lumineux en leur centre, on serait tenté de dire une bougie. Ils ressemblent à de modestes pyramides dont le vert sombre, couleur de temps et de mémoire, se givre en son milieu : de petits monuments de mémoire, de profondeur givrée, entre lesquels le promeneur s'arrête, pris dans un réseau... Aire choisie, délimitée par le vent, site d'obélisques semés par le souffle d'un Passant invisible, tout de suite et toujours ailleurs...

Le blason de l'hiver est de sable, d'argent et de sinople; d'hermine le jour, s'il neige, et la nuit de contre-hermine.

(Ces images en disent toujours un peu trop, sont à peine vraies; il faudrait voir en elles plutôt des directions. Car ces choses, ce paysage, ne se costument jamais; les images ne doivent pas se substituer aux choses, mais montrer comment elles s'ouvrent, et comment nous entrons dedans. Leur tâche est délicate.)

... Et sans cesse autre chose étonne. Ainsi certain soir d'après Noël où le ciel au couchant me fit penser à Lucas de Leyde, non pas après réflexion, mais sur l'instant, par un rapprochement peut-être mal justifié, peut-être par une erreur de la mémoire (me rappelant soudain cette toile dont parle Artaud dans un livre que je ne possède plus, toile qui doit s'intituler *Loth et ses filles* et comporter un incendie à l'arrière-plan); le fait était que le ciel avait des couleurs de tableau ancien, rose et or, à peine réelles. C'était d'abord, le long de la ligne d'horizon, une bande dorée, puis, au-dessus de celle-ci, un cercle rose, ou l'épanouissement d'une rose, ou mieux un poudroiement rose tendant confusément au cercle. Alors qu'en bas le paysage fonçait, ne gardant pour toute clarté que les champs couleur de paille, de grandes étendues de paille humide. Un paysage couleur de paille et de fumier, une grande écurie glacée. Et là au-dessus, encore une fois, comment dire, comment ne pas trahir ce qu'on a vu, au bas du ciel, cette lumière rose et or? On pense rapidement, tour à tour : ostensoir, joaillerie, Byzance, auréole, nimbe... Encensoir aussi, fumée, et dans la fumée, là où elle se défait, une seule étoile, cristalline. Pourtant, c'est encore autre chose, de plus surprenant, de plus fort, de plus simple. Prononcer des mots comme ostensoir, encensoir, c'est encore égarer l'esprit. On sent qu'il faut chercher plus profondément en soi ce qui est atteint, et surtout l'exprimer plus immédiatement. On a été touché comme par une flèche, un regard. Tout de suite, avant toute pensée : comme par un astre dans une étable. En bas, ce sombre humide, cette couleur de bois et de paille, ces vapeurs comme il s'en élève du crottin (l'hiver, la pauvreté), et en haut cette luminosité magique, que les mots or et rose trahissent en la figeant, et non moins en l'associant à des images qui ne lui conviennent qu'en marge. Il faudrait parler plutôt d'un poudroiement de feu, d'une ouverture et aussi d'une ascension, d'une *transfiguration*, frôlant ainsi sans cesse des idées religieuses, quand les frôler seulement est déjà trop; car c'est cela, et c'est toujours autre chose encore. Car ce sont les *choses* qui sont telles, terre et ciel, nuées, sillons, broussailles, étoiles; ce sont les choses seules qui se transfigurent, n'étant absolument pas des symboles, étant le monde où l'on respire, où l'on meurt quand le souffle n'en peut plus.

... Mais, ce soir-là, une vue plus déchirante et plus secrète encore m'attendait quand, la rue ayant tourné vers l'horizon opposé, le levant, j'aperçus au-dessus des murs et des toits, entre les rares arbres, la montagne basse éclairée par le soir, juste veinée de très peu de neige à la cime. Je sais encore moins comment elle me parla, ce qu'elle me dit. C'était une fois de plus l'énigmatique luminosité du crépuscule, une transparence et un suspens extrêmes, tout ce qu'essaie d'évoquer le mot « limpide », et c'était aussi autre chose, qu'il faudrait le langage des anges pour signifier avec justesse (encore qu'il s'agisse du plus humble, du plus proche, du plus commun) : comme si l'air planait, pareil à un grand rapace invisible, tenant le monde suspendu dans ses serres ou rien que dans son regard, comme si une grande roue de plumes très lentement tournait autour d'une lampe visible seulement par son halo...

Paysages qui emportent l'esprit, qui le ravissent, l'entraînent dans leur labyrinthe où brille le fil des eaux; guides du regard amoureusement attaché à cette lampe intermittente, dont on ne sait qui la tient, et que l'on croit parfois voir (mais n'est-ce pas trop céder à l'illusion?) déjà sur l'autre rive, déjà rendant le jour à des corps depuis si longtemps endormis...

Dès que j'ai regardé, avant même — à peine avais-je vu ces paysages, je les ai sentis m'attirer comme ce qui se dérobe, ainsi que parfois dans les contes, en particulier dans celui, si beau, des *Mille et Une Nuits* où le prince Ahmed, ne retrouvant plus la flèche qu'il a tirée, est entraîné toujours plus loin à sa recherche pour aboutir enfin au lieu aride où se cache la demeure d'une fée. De la même façon, ma pensée, ma vue, ma rêverie, plus que mes pas, furent entraînées sans cesse vers quelque chose d'évasif, plutôt parole que lueur, et qui m'est apparu quelquefois analogue à la poésie même.

Je crois que c'était le meilleur de moi qui entendait cet appel, et j'ai fini par ne plus me fier qu'à lui, négligeant l'une après l'autre toutes les voix qui auraient pu m'en détourner et sur lesquelles je ne m'attarde pas ici, leurs objections me paraissant vaines, en dépit de ce qu'elles peuvent avoir de persuasif ou d'autoritaire, contre l'immédiateté et la persistance de cette parole lointaine.

L'immédiat : c'est à cela décidément que je m'en tiens, comme à la seule leçon qui ait réussi, dans ma vie, à résister au doute, car ce qui me fut ainsi donné tout de suite n'a pas cessé de me revenir plus tard, non pas comme une répétition superflue, mais comme une insistance toujours aussi vive et décisive, comme une découverte chaque fois surprenante. Il me semble même, maintenant, que je comprends cette leçon un peu mieux, sans qu'elle ait perdu de sa force. Mais il est impossible de la résumer en une formule où on la tiendrait tout entière. D'ailleurs, aucune vérité vivante ne peut se réduire à une formule; celle-ci étant, au mieux, le passeport qui permet d'entrer dans un pays, après quoi sa découverte reste à faire. Et l'on finit par penser que toutes les choses essentielles ne peuvent être abordées qu'avec des détours, ou obliquement, presque à la dérobée. Elles-mêmes, d'une certaine façon, se dérobent toujours. Même, qui sait? à la mort.

Maintenant encore (et pourtant les années auraient dû m'user), il m'arrive de retrouver aussi intense le sentiment qui me vint au commencement, et qui se traduisit aussitôt en moi par le mot : « paradis ». Traduction parfaitement absurde à beaucoup d'égards, mais que je dois essayer de comprendre, puisqu'elle est liée au secret poursuivi. Je la dis absurde, d'abord parce que ce paysage n'a rien qui évoque les « terres où coulent le lait et le miel », rien de particulièrement majestueux comme la mer ou les montagnes, ni éclat, ni harmonie, ni sérénité exceptionnels; ensuite, parce qu'il n'offre pas plus qu'un autre à ses habitants (et moins que certains, plus fertiles et plus charmants) des conditions d'existence idéales; enfin parce que ma propre vie, dont il formait l'espace, ne me paraissait pas davantage parfaite. Il ne s'agissait donc pas de ce qu'on appelle communément le bonheur, de ces pays qu'on dit favorisés, « idylliques », de ces « séjours de rêve » qui attirent la foule. L'impression n'en était pas moins là, aussi forte qu'apparemment injustifiée.

Était-ce un rêve enfantin qui s'exauçait miraculeusement dans ces chemins? Mais je n'avais jamais vécu dans ce pays auparavant, ni même dans des régions semblables. Ou une image que je me fusse formée, enfant, en lisant la *Genèse?* Nullement. Si je pensais, si me venait à l'esprit ce mot de « paradis », c'était sans l'accompagnement d'aucun souvenir biblique : Chute, Serpent, glaives de chérubins, sans référence non plus au *Paradis* de Dante. En revanche, je découvris bientôt qu'à ce mot, qui voulait sans doute d'abord traduire dans mon esprit une impression d'exaltation, de perfection, de lumière, se liait une idée de la Grèce, pays que je n'avais jamais vu qu'en image, mais dont j'allais maintenant comprendre que la lumière m'avait nourri plus profondément que je n'aurais jamais pu le croire.

C'était une association beaucoup moins absurde que la première, puisqu'il existait évidemment une ressemblance géographique; et puisqu'aux Baléares déjà, surtout à Majorque, quand je l'avais traversée au printemps (pleine de plantes et de fleurs), j'avais éprouvé la même correspondance et la même émotion. La voix qui me parlait, attirante, autour de Grignan, était une voix méditerranéenne : et pourtant, quand je marchais dans ces terres, j'étais fort peu soucieux de culture, de pensée, et sans aucune envie de me choisir une quelconque patrie. Mais ces éléments, que je le veuille ou non, intervenaient, plus ou moins loin de la conscience, dans ce qui se formait en moi autour de ce mot : « paradis ».

Il y a un certain lieu de cette contrée qui est une combe presque déserte, dont l'ouverture est tournée vers la vallée du Rhône. On n'y trouve guère qu'une ferme, et une longue bâtisse qui a pu être une manufacture dont on voit maintenant par les hautes fenêtres les salles vides et poussiéreuses. Tout au fond de la combe, au pied de rochers couverts de lierre, sous de grands chênes, une source coule; elle alimente encore quelques bassins oblongs, couchés dans les hautes herbes, parmi des cerisiers. Tout auprès s'élève une chapelle, qui fut un petit temple; et l'on peut voir encore, dans l'église du village voisin, un autel dédié aux nymphes que ce temple honorait. Évoquer cette simple inscription d'ailleurs plus qu'à demi effacée semblerait suffire à faire comprendre que cet appel que j'entendais venait de très loin, du temps presque impossible à imaginer où l'on croyait que les dieux habitaient les sources, les arbres, les montagnes; j'aurais pu me rappeler, entre tant de textes :

Escoute, bucheron, arreste un peu le bras,
Ce ne sont pas des bois que tu jettes à bas,
Ne vois-tu pas le sang, lequel degoute à force,
Des Nymphes qui vivoient dessous la dure
[escorce?

ou encore :

Au temps où je veillais dans les cavernes, j'ai cru quelquefois que j'allais surprendre les rêves de Cybèle endormie...

Ce n'eût pas été m'égarer, et le mot « paradis », c'est bien vers ce monde-là qu'il orientait sourdement ma réflexion.

Toutefois, ce lieu était à peu près le seul où cette présence immémoriale fût demeurée visible, inscrite en toutes lettres dans la pierre. Ailleurs... non, ce n'est pas ici un pays de ruines, illustres ou modestes, où la main, en creusant, puisse espérer trouver autre chose que des cailloux ou des racines. Je n'ai pas l'esprit d'un archéologue, et ne cours pas après les vestiges. Mais il est vrai qu'en songeant encore, en me promenant encore, quand je voyais les petits édifices qu'ont bâtis les paysans (il n'y a pas si longtemps sans doute, mais sur un modèle qui pourrait remonter au XVIIe siècle, peu importe d'ailleurs) pour servir de resserres à outils dans les jardins, il est vrai qu'en les voyant, non seulement j'admirais toujours que l'on pût avoir construit si bien à des fins si humbles (alors qu'aujourd'hui...), mais encore je pensais, une fois de plus immédiatement et absurdement, à ce que l'on appelle, je crois, le « Trésor » de Delphes : comme je le dis ici, sans plus bien savoir ce qu'était ce « Trésor », si cela existait vraiment, si je ne confondais pas avec autre chose, s'il y avait un rapport possible. Quoi qu'il en fût, ces petits édifices m'évoquaient des constructions grecques en manière d'oratoires, c'est-à-dire d'abord une mesure, une perfection mesurée, et ensuite, ce qui fut la grandeur et la limite de la Grèce, la maîtrise du Sacré, que l'on était parvenu à faire descendre dans une demeure, sur la terre, sans le priver de son pouvoir et sans détruire son secret...

Du plus visible, il faut aller maintenant vers le moins en moins visible, qui est aussi le plus révélateur et le plus vrai. Ce pays est un pays de murs. Les villages souvent ont gardé leurs remparts, certains élevés, majestueux et de plan assez complexe; et dans les terres, le long des chemins, autour des propriétés, subsistent nombreux ces murets de pierres sèches dont la structure varie selon le matériau que l'on trouvait sur place. Quelquefois, ce sont simplement des dalles dressées en ligne sur leur côté le plus court, et qui, depuis le temps qu'elles ont été ainsi plantées, n'ont pu se maintenir toutes également droites (au-dessus s'élèvent les cyprès comme des morceaux de nuit); c'est une présence au bord des chemins à la fois funèbre et honorable et qui, pour peu que l'on découvre au-delà, en février ou mars, l'aurore des amandiers, ébranle notre plus intime mémoire. Ailleurs, quand les pierres des murs sont minces comme feuillets, ils semblent faits de veines ou de fibres comme une matière organique; une rangée de pierres obliques ou verticales les couronne. Or, ces murs aussi, simples murs de clôture ou de bornage, dont beaucoup ne doivent même pas être tellement anciens, me faisaient confusément penser à des monuments très antiques, fondations de forts ou de temples; leur beauté me demeurait elle aussi très mystérieuse, et je sais que si j'avais cherché plus longuement à la définir, j'en serais venu de nouveau à la rapprocher des pierres de sacrifices, et des dieux; comme si c'était ce que l'on doit inévitablement retrouver à la base; non seulement au commencement de notre histoire, mais dans les soubassements de notre pensée et de nos rêves; comme ce qui continue, d'une certaine manière, à conduire notre vie.

Au pied de ces murs, au soleil, j'imaginais aussi que l'on eût dû trouver des statues de dieux ou de héros, des monnaies portant quelques mots, probablement tronqués (et j'aurais voulu que ma poésie fût comme une parole écrite sur ces médailles remontées du fond de la terre, quand elle ne l'était pas sur les monnaies des graines; une parole comme on en trouve chez Empédocle : « L'éther en son élan revêtait des formes diverses, et sous la terre ses longues racines s'enfonçaient », ou chez Parménide : « Une lumière empruntée rôde pendant la nuit autour de la terre... »); pourtant, ce n'était pas le cas, et ce n'était pas nécessaire. Ainsi, par une suite de négations, approchais-je quand même d'une découverte quant à ces paysages...

Divers signes, les uns réels comme l'autel aux nymphes, les autres (beaucoup plus nombreux) partiellement ou totalement imaginaires, orientaient ici l'esprit vers un certain point de l'espace et du temps, vers la Grèce, vers l'Antiquité; non pas le moins du monde dans un mouvement d'érudition ou de réflexion abstraite (pas davantage de retour au passé comme à un temps meilleur que le présent, de fuite dans le révolu), ni d'une façon méthodique ou exclusivement rationnelle. La leçon que je devinais cachée dans le monde extérieur ne pouvait être énoncée qu'obscurément, telle qu'elle avait été écoutée : dans l'intérieur de ces lieux était un souffle, ou un murmure, à la fois le plus ancien, le tout ancien, et le plus neuf, le plus frais; déchirant de fraîcheur, déchirant de vieillesse. Je ne croyais pas, est-il besoin de le dire? que les nymphes fussent revenues, ni même qu'elles eussent jamais été visibles; je n'allais pas me mettre à prononcer des prières ou à chanter des hymnes grecs. Simplement, c'était comme si une vérité qui avait parlé plus de deux mille ans avant dans des lieux semblables, sous un ciel assez proche, qui s'était exprimée dans des œuvres que j'avais pu voir ou lire (et dont l'école, par chance, avait su me communiquer le rayonnement), continuait à parler non plus dans des œuvres, mais dans des sites, dans une lumière sur ces sites, par une étrange continuité (que certains aspects de l'Histoire nous cachent). Encore était-ce trop préciser; pour être tout à fait exact, je devrais, après avoir évoqué l'image de la Grèce, l'effacer, et ne plus laisser présents que l'Origine, le Fond : puis écarter aussi ces mots; et enfin, revenir à l'herbe, aux pierres, à une fumée qui tourne aujourd'hui dans l'air, et demain aura disparu.

Ainsi, sans que je l'eusse voulu ni cherché, c'était bien une patrie que je retrouvais par moments, et peut-être la plus légitime :

un lieu qui m'ouvrait la magique profondeur du Temps. Et si j'avais pensé le mot «paradis », c'était aussi, probablement, parce que je respirais mieux sous ce ciel, comme quelqu'un qui retrouve la terre natale. Quand on quitte la périphérie pour se rapprocher du centre, on se sent plus calme, plus assuré, moins inquiet de disparaître, ou de vivre en vain. Ces « ouvertures » proposées au regard intérieur apparaissaient ainsi convergentes, tels les rayons d'une sphère ; elles désignaient par intermittences, mais avec obstination, un noyau comme immobile. Se tourner vers cela, ce devait être appréhender l'immémoriale haleine divine (en dehors de toute référence à une morale ou à une religion); et, du même coup, rester fidèle à la poésie qui semble en être une des émanations.

Ces paysages, j'y insiste, n'étaient donc ni des musées proposés à la curiosité de l'archéologue, ni des temples ouverts à quelque culte panthéiste, ni ce que le romantisme a vénéré, non sans excès d'effusions, sous le nom de Nature. Ils m'avaient paru simplement cacher encore (quand bien même il n'y aurait plus eu en eux le moindre monument, la moindre ruine, la moindre trace du passé humain) la force qui s'était traduite autrefois dans ces monuments, et que je pouvais à mon tour espérer recueillir, essayer de rendre à nouveau plus visible. Peut-être même était-ce parce qu'il n'y avait plus en eux de marques évidentes du Divin que celui-ci y parlait encore avec tant de persévérance et de pureté... mais sans bruit, sans éclat, sans preuves, comme épars. C'est ce que j'ai voulu dire à la fin d'un petit poème où le regard, entre des arbres, croyait s'avancer d'une grotte de verdure à l'autre, jusqu'à la plus lointaine, mystérieuse, comme sacrée, où l'on eût attendu en d'autres temps quelque stèle :

Peut-être, maintenant qu'il n'y a plus de stèle,
N'y a-t-il plus d'absence ni d'oubli...

(Ce sont choses, je l'avoue, un peu vite dites, simples tours de passe-passe de la rêverie, peut-être, et la détresse est trop profonde pour se payer ainsi de mots...)

Des tableaux, enfin, me revinrent à l'esprit, où je crus déceler une expérience analogue. Les peintres de la Renaissance, redécouvrant la grâce de l'Antique, avaient peuplé les lieux où ils vivaient de nymphes, de temples en ruine, de satyres et de dieux.

J'étais sensible au pouvoir troublant de leurs Bacchanales, à la sérénité de leurs Parnasses : on aurait dit qu'à travers ces œuvres, nos rêves les plus tendres et les plus ardents prenaient une force et un charme accrus en se rattachant à ces images déposées au fond du souvenir; et le même pouvoir était dévolu aux noms anciens dans la prose et la poésie des écrivains de ce même temps. C'étaient les éternelles figures du Désir qui, au lieu de surgir fragiles, perdues, spectrales, dans l'isolement du présent, s'étaient ornées de parures en apparence seulement étrangères, enveloppées ou nourries de mémoire, paradoxalement rajeunies de s'être baignées dans les plus antiques fontaines. La douloureuse distance du Temps, ces figures l'enjambaient comme une arche irisée; ou plutôt, la changeaient en profondeur brillante et familière; d'une rupture, elles faisaient un lien...

Néanmoins, je ne pouvais m'empêcher, devant ces œuvres, de ressentir toujours une impression, fût-elle légère, de théâtre : parce que la vérité qu'elles exprimaient avait cessé d'être la nôtre. Et quand je regardais les paysages de Cézanne, où je pouvais retrouver ceux qui m'entouraient, je me disais (bien que ce ne fût pas facile à « prouver ») qu'en eux, où il n'y avait que montagnes, maisons, arbres et rochers, d'où les figures s'étaient enfuies, la grâce de l'Origine était encore plus présente; et que, s'il avait essayé quelquefois d'y situer des baigneuses, ce pouvait être, sans qu'il le sût, pour exprimer plus explicitement ce qui, en fait, n'avait nul besoin de l'être autrement que par un certain ordre de la lumière; et qu'enfin, s'il s'y était montré plus maladroit, c'était peut-être qu'il commençait à s'égarer...

Plus de scènes, aujourd'hui, plus de figures, et ce n'est pourtant pas le désert. J'ai pensé encore, pour finir, à ce *Paysage avec la chute d'Icare*, de Breughel, où le laboureur est si proche, et le héros presque indiscernable; et j'ai cru voir commencer maintenant une nouvelle ère du regard, où nos travaux quotidiens et nos rêves les plus hardis ne seraient plus, sur l'écran du monde, que vagues de labours, chute d'une larme lumineuse et sillons dans les eaux tombales.

Sur le seuil

C'est sous le toit ajouré des arbres, à peine est-on entré dans cet abri, où le soleil ne brûle plus, dans la maison qui n'est jamais fermée, et il y a une fraîcheur, un parfum inséparables l'un de l'autre. Le ciel descend dans les feuilles. Sous les pins, l'ombre est sans épaisseur. C'est le camp des oiseaux. Leur envol paraît brusque, accompagné souvent de criailleries; ensuite, au contraire, même volant vite, ils semblent calmes, entre les troncs. Leur vol s'efface à mesure. C'est aussi comme si l'on marchait dans sa propre maison.

A mi-hauteur d'une pente assez raide, sous les pins, tout à côté du sentier discret, le terrain se creuse, il s'y forme une espèce de vague tranchée au bout de laquelle se dresse un mur étroit; c'est de la roche, toute bossuée, mais à peine visible sous la mousse qui la couvre; c'est comme une très ancienne porte, car au pied du mur il y a une **ouverture, une bouche,** comme aux fontaines, **à ras du sol,** où s'entassent les feuilles mortes, où le pied glisse, hésite. Il a fallu des jours **de neige drue,** suivis de plusieurs semaines **de dégel et de pluie,** pour que la bouche reparle, pour la première fois depuis très longtemps, depuis que je m'arrête sur ce seuil.

Alors, tout à coup, sans qu'on s'y attende, on a entendu ces gouttes multipliées, et on ne sait plus à présent si on les a vues aussi ou s'il a suffi de les entendre pour s'imaginer les avoir vues, cristallines, froides et gaies, minuscules, nombreuses, limpides, hors de la mousse qui est sombre et tendre : une sorte de carillon infime et décidé dont les cloches seraient éparpillées à différentes hauteurs du rocher, et tinteraient sans ordre apparent, gaies et pourtant cachées, parlant à la surface de la terre; et l'on est contraint de s'arrêter, de faire silence, si l'on parlait; sans pour autant se mettre à genoux. Simplement, on se tait, on sourit peut-être comme à ces souvenirs qui s'allument dans l'obscurité de la tête, quelquefois. Les notes ne sont ni aussi nombreuses, ni aussi pressées que l'on pourrait s'y attendre; il y a du temps entre elles, des intervalles irréguliers. On dirait des paroles d'un autre monde et qu'on aurait à peine le droit d'écouter. Trop claires pour nous, trop nettes. Paroles du ciel à la terre. Comme autant de « oui » ronds, lumineux, décidés, tout près de nous, en même temps comme très loin, comme au-delà. La fable des sources.

Toute cette sombre et solide épaisseur, qui porte tout. La pierre de fondation, le socle, et là-dessus ce brun, ce rougeâtre, ce noir, ce granuleux mélange, cet amalgame plus ou moins lourd et serré, la terre où si rapidement toute pourriture se nettoie, se répare, s'assainit; assez chaude, assez douce pour que l'on s'y allonge, assez stable encore pour que l'on se fie à elle; l'immense lit fumant en hiver, couvert de soie, de damas, de velours en été. Et là, tout à coup, suintant de la surface, naissant des profondeurs comme la perle se forme de la nacre, comme la plante se hasarde, le bourgeon, la gemme, tout à coup (ou il semble que ce soit soudain), un jour, s'ouvrent ces gouttes qu'on entend seulement. Terre fleurie d'eau, terre où l'eau germe, un jour.

On est debout à cette porte, appuyé à ses montants de pierre immémoriale, et dont la chute vous briserait. Comme un pèlerin écoutant matines, mais sonner dans un espace inconnu, pour un dieu encore sans nom. Ou comme celui qui entend pour la toute première fois des voix converser il ne sait où, près de lui pourtant, mais il ne parvient pas à les localiser, ce devaient être des enfants, une seule enfant qui chantonnait. Toutefois, c'était autre chose, autre chose sans quoi il n'y aurait ni distance, ni air, ni mouvement; le lointain qui déchire, qui appelle. Source fabuleuse. Surplus du grenier des eaux.

Bois et blés

On marche dans des chemins de sable, à peine tracés, lignes distraites, de la même couleur de braise au point de refroidir que le soir qui approche. On arrive devant un bosquet d'yeuses à l'orée duquel est suspendue une espèce d'étoile faite de plumes de corneille attachées maladroitement ensemble. Personne. Déjà les ouvriers des champs mangent ou peut-être dorment. Ils s'appesantissent, tandis que dehors s'éveillent les choses immatérielles que le jour cache. Personne. Mais ces bosquets nous sembleront toujours habités, serait-ce par une absence. L'étoile noire, hirsute, qui garde celui-là des oiseaux, à moins qu'elle ne soit le reste d'un jeu, si elle manquait, il n'en serait pas moins comme un lieu où l'on entre, dont il faut franchir le seuil, ce qu'on ne fait pas sans un trouble qui ressemble à du respect.

Un cercle. Une aire. Dirai-je qu'on y bat

le blé du temps en silence? Mais il n'y a pas trace d'or dans cette ombre.

Vert, noir, argent... Comment dire, comment toucher la note juste, la note intérieure? Dryades... le nom sonne, vraiment, comme ces couleurs sur les troncs qui, jadis, en auraient abrité les porteuses : il est humide et dru, il brille sur fond sombre; elles, sœurs des naïades, rappellent l'alliance originelle des eaux et des forêts. Mais ce n'est pas assez distinguer ce bois d'autres bois, où l'on surprendrait avec bonheur les mêmes fuites. Je le regarde encore, dans ma mémoire. Vert, noir, argent... Ces trois couleurs ensemble ici, je ne doute pas qu'elles aient un sens. Au pied des arbres, ce n'était pas, me semble-t-il, la terre nue, mais de l'herbe, presque aussi nette qu'une pelouse. D'argent, de sable, de sinople... mais ce bois ne porte pas d'armes. Je regarde encore : ce vert confine au noir, cet argent est bleuté. Les troncs ressemblent aux vieilles pierres des murs, les feuillages sont au-dessus comme de l'ombre; peut-être nous trouvons-nous sur le seuil d'une grotte aérée, dont le vent aurait asséché jusqu'aux plus profondes cascades?

Peu à peu j'entrevois une vérité : les couleurs, dans ce bosquet, ne sont ni l'enveloppe, ni la parure des choses, elles en émanent ainsi qu'un rayonnement, elles sont une façon plus lente et plus froide qu'auraient les choses de brûler, de passer, de changer. Elles montent du centre; elles sourdent inépuisablement du fond. Ces troncs charbonneux, couverts de lichens bleuâtres, on croirait qu'ils diffusent une lumière. C'est elle qui m'étonne, qui se dérobe, qui dure. Je crois qu'elle est très vieille, qu'elle n'a plus d'âge. Je ne veux pas en parler au hasard, mais dans ces détours que je fais à sa recherche, on la voit continuer à luire, continuer à se refuser. Est-elle glauque, marine? Est-elle nocturne, livide, funèbre? Chacun de ces mots ne me vient pas à l'esprit sans raison, mais les idées qu'ils désignent, probablement sont-elles moins présentes dans le bosquet d'yeuses que les herbes qui relèvent l'arôme d'un plat.

Et si j'avais aperçu simplement en passant la douceur de l'obscur, la bergerie des ombres qui devisent à voix basse des anciens jours, sans qu'on puisse discerner dans l'herbe leurs pas, moins que celui du brouillard? Ou dirai-je seulement de cette clarté qu'elle est lointaine et que rien ne la rapproche, qu'elle est la lointaine et qu'il faut la garder dans son éloignement : comme on maintenait un anneau d'espace intact autour du siège des dieux?

Parce qu'ils forment une enceinte, on a envie justement de pénétrer sous ces arbres, de s'y arrêter. Alors on resterait immobile, on ne ferait plus rien qu'écouter, ou même pas. On serait reçu dans leur assemblée. On goûterait le raisin embué de l'air, on boirait au verre des neiges. Puis on surprendrait, précédée par une meute d'ombres, Diane qui est comme du lait dans l'eau.

Plus loin que ce bois où l'on n'entrera jamais, se creuse une combe assez vaste; elle était, ce soir-là, pleine jusqu'au bord de blé.

J'avais regardé, quelques jours avant, les graminées déjà sèches, semblables tantôt à des plumes, tantôt à de petits os de paille : mobiles panaches, légers squelettes d'herbe. Mais ici, c'était tout le contraire du dessèchement et de la nuit qui montait comme un Nil, qui gonflait, qui croissait entre ces bords couronnés d'arbres maintenant couleur de violette!

Le cuivre, l'or... Pourtant, nous ne sommes pas venus au comptoir d'une banque, ni aux magasins d'un arsenal. Plutôt, moi qui viens de penser à la lune, je nommerai à présent le soleil. Et soudain je me souviens des moissons où les chevaux suent, pleins de mouches, où la journée tout entière n'est plus qu'un grand pain qu'on taille, où un bol blanc à quatre heures éblouit sous le noyer. Tout le champ gonfle et monte; la vue se trouble. Les couples s'abattent sur place. Il n'y a plus d'autre table, d'autre lit que la terre couverte de vapeurs. Nappes et draps portent les mêmes plis, les mêmes taches. Et pas un crin qui ne soit trempé, pas une force que n'ait tranchée le fer orageux!

Autant de routes où je m'engage, où je dévie; il faudrait moins se souvenir et moins rêver.

Quelque chose de lointain et de profond se passe : comme un travail en plein sommeil. La terre n'est pas un tableau fait de surfaces, de masses, de couleurs; ni un théâtre où les choses auraient été engagées pour figurer une autre vie que la leur. Je surprends un acte, un acte comme l'eau coule. Ou même moins encore : une chose qui serait vraiment là; peut-être, un acte qui ne serait pas un spectre d'acte, qui ne ressemblerait plus à nos mouvements égarés.

L'ombre, le blé, le champ, et ce qu'il y a sous la terre. Je cherche le chemin du centre, où tout s'apaise et s'arrête. Je crois que ces choses qui me touchent en sont plus proches.

Une barque sombre, chargée d'une cargaison de blé. Que j'y monte, que je me mêle aux gerbes et qu'elle me fasse descendre l'obscur fleuve! Grange qui bouge sur les eaux.

J'embarque sans mot dire; je ne sais pas où nous glissons, tous feux éteints. Je n'ai plus besoin du livre : l'eau conduit.

A la dérive.

Or, rien ne s'éloigne, rien ne voyage. C'est une étendue qui chauffe et qui éclaire encore après que la nuit est tombée. On a envie de tendre les mains au-dessus du champ pour se chauffer.

(Une chaleur si intense qu'elle n'est plus rouge, qu'elle prend la couleur de la neige.)

On est dans le calme, dans le chaud. Devant l'âtre. Les arbres sont couverts de suie. Les huppes dorment. On tend au feu des mains déjà ridées, tachées. Les enfants, tout à coup, ne parlent plus.

C'est juste ce qu'il faut d'or pour attacher le jour à la nuit, cette ombre (ou ici cette lumière) qu'il faut que les choses portent l'une sur l'autre pour tenir toutes ensemble sans déchirure. C'est le travail de la terre endormie, une lampe qui ne sera pas éteinte avant que nous ne soyons passés.

*La tourterelle
turque*

Est-ce le berceau de l'aube? C'est du moins, d'abord, des couleurs, un nid de couleurs, fines et douces comme celles qu'assemble la naissance du jour, et pourtant différentes; couleurs, ou plutôt nuances, gradations sans ruptures, nuages de terre et de lait qui se mêlent ou, mieux, s'épousent; sous ce collier d'ardoise. Nuage assoupi, nuage couché dans la cage, tout au fond de la chambre paysanne, nœud de fumée dans la fumée.

Mais déjà l'œil a démêlé que c'est aussi un corps, tiède, vivant, des courbes de laiteuse terre, que c'est une gorge qui respire, une douceur, une langueur plumeuse. On la dirait qui dort, un nuage endormi dans son haleine, nuage, ou plus confusément encore, nue.

Brusquement, par quelque alerte éveillée, tirée du rêve, battent les ailes, ouvertes un instant comme des drapeaux qui claquent, ou des linges. Alors on découvre la voluptueuse envolée, ce lit de plumes ailé, cette langueur enhardie; ou serait-ce une barque, sous ses voiles dressées, qui cacherait en l'emportant quelque reine couchée dans le bouillonnement de ses draps, de l'écume?

Mais au miroir embué d'une nuit, plus tard, peut-être en rêve, ou entre veille et sommeil, j'ai connu de qui tu pouvais être aussi l'image, de quelle femme si indolente, la voix rauque, et de peau si blanche, les dents presque transparentes entre des lèvres pâles, qu'on s'étonne, tourne-t-elle un instant, mais sans hâte, les yeux vers vous, que le brun de son iris puisse à ce point vous brûler; mais puisque ce n'est pas un feu, même pas enfermé dans une lanterne d'ambre, puisque c'est seulement la couleur de ce qu'un feu longtemps n'a fait qu'approcher, frôler, puisque c'est le reflet seulement d'un très long feu lointain, puisque ce n'est que la caresse, et peut-être encore imaginaire, du feu, elle est donc bien, par son teint laiteux comme par ce double iris brun (déjà détourné, ou voilé par une paupière lasse), toute langueur.

Tourterelle turque, si bien nommée : odalisque portant à la nuque ce collier d'ardoise qui signifie peut-être : « serve de la nuit ».

L'aube n'est pas autre chose que ce qui se prépare, encore pur, à brûler; l'aube est celle qui dit : « attends encore un peu et je m'enflamme »; le bourgeon de quelque incendie.
Mais celle-ci est plutôt ce que le feu ne touche qu'à distance, ce qui est séparé du feu ou par la distance ou par le temps ou par le souvenir, le mélange de l'ardeur et de la distance, la mémoire de l'amour qui coulerait interminablement en nous.

L'oiseau qui se dressait ainsi sur le poing ridé, ce n'était que mon corps qui l'avait un instant rêvé pareil à cette femme, ce n'était que lui qui avait trouvé ces liens, ces mots entre eux.
Je crois que si je clignais des yeux comme on fait pour ne pas être embarrassé par les détails d'une peinture, jusqu'à ne plus voir qu'une lueur sur cette main, une flamme vacillante, je serais plus près de ce que j'avais tout d'abord éprouvé : le trouble, la joie d'une annonciation à peine saisissable, ou l'entre-bâillement de la porte du Temps.

Plus tard encore, j'ai vu un oiseau de même espèce habiter mon jardin, marcher sur ses murs sans être inquiété par les chats, et quelquefois il était dans le figuier que l'automne jaunissait, éclairait. Plus beau qu'aucun fruit, libre comme une pensée silencieuse dans le feuillage du cœur vieillissant. Parfaitement tranquille, en cet abri, bien que sans aucune attache, et par sa voix semblant absorber et traduire, et faire couler toute la douceur de ces journées. N'étant plus, si je fermais tout à fait les yeux, qu'une cascade assourdie par la brume...

C'est le tout à fait simple qui est impossible à dire. Et pourtant je le vois et je le sens, et il n'est pas de pensée, si puissante, si meurtrière soit-elle, qui m'en ait pu disjoindre jusqu'ici. Oiseau favorable, tu voyages dans ta patrie. Tu te poses ici ou là ou tu voles un court instant, peut-être t'éloignes-tu la nuit davantage, mais quoi que tu fasses, c'est comme si rien ne manquait, comme si tu étais la voix qui monte et descend les degrés du monde, entre terre et ciel, jamais en dehors, toujours dans le globe infini, libre mais au-dedans, là, tout proche, à la fourche des branches argentées, n'attendant ni ne fuyant rien, voyageur qu'une seconde de joie sans aucune raison dérobe au mouvement du voyage pour le laisser posé, arrêté où? dans la lumière des feuilles qui bientôt vont tomber pour faire place au ciel, au temps doré d'octobre, vêtu d'air, incapable soudain de plus entendre aucun mot comme aller, ou partir, ou frontière, ou étranger. Bienheureux vêtu de sa lumière natale.

*Travaux
au lieu dit l'Étang*

Là où depuis des années, autant que je me souvienne, il n'y avait que des champs, des prés et seulement, en mémoire de l'eau, un ou deux saules, quelques roseaux, une glaciale foison de narcisses en avril, les longues pluies, en peu de jours, ont refait un étang. Ce lieu au fond duquel s'élève, à demi caché par des cyprès, le mur blanchâtre d'une ferme vide, s'appelle en effet l'Étang. C'est une combe. On est surpris d'y découvrir cette surface d'eau que le vent ride; et, sur la rive opposée au chemin, au pied d'une barrière de roseaux, cette ligne blanche : l'écume en quoi se change, s'épanouit l'eau contre un obstacle; surpris, et touché. C'est une autre inscription fugitive sur la page de la terre, qu'il faut saisir, que l'on voudrait comprendre. Sans que l'on sache pourquoi, elle semble prête à livrer un secret; sinon, comment nous aurait-elle arrêtés? Alors, on regarde et on rêve; ce n'est pas vraiment une lecture, une recherche; on laisse venir, on laisse aller les images. Les premières qui se présentent à l'esprit ne sont pas nécessairement les plus simples, les plus naturelles, ni les plus justes; au contraire, ce sont plutôt les toutes faites, celles des autres, celles qui flottent, toujours disponibles, en vous.

Je pense : l'étang est un miroir que l'on aurait tiré, au petit jour, des armoires de l'herbe; l'écume est la lingerie tombée au pied d'une femme qui vient de se dévêtir. Ainsi naîtrait du désir, comme un feu s'allume, une idylle gracieuse et troublante; mais qui viendrait se superposer, sans même que l'on s'en aperçoive peut-être, à ce que j'ai surpris de plus simple. J'imagine que, suivant cette pente, je pourrais écrire ce poème (une espèce de madrigal, mais qui ne me viendrait pas tout entier de la tradition, qui tirerait de son prétexte naturel une saveur plus sauvage); si je ne savais déjà, confusément, que mon émotion, sur l'instant, n'a pas eu cette couleur, ce rose aussitôt disparu d'une carnation enflammée. Ainsi se vérifie une expérience dont j'ai bientôt tiré une règle de poésie (celle du danger de l'image qui « dérive »), et se justifient ces tâtonnements qui se répètent en se complétant.

Je devine donc que si l'écume m'a touché, c'est d'abord en tant qu'elle-même (en tant que chose qui devrait être simplement nommée « écume » et non pas comparée à rien d'autre); puis, au second plan, comme rappel du mot et de la chose « plume » (rappel fortifié par une récente lecture de Góngora), ou « aile », ou « mouette ». De même, l'eau m'avait atteint en tant qu'eau, et non pas comme miroir. Toute eau évidemment nous parle (plus ou moins, selon qui nous sommes et ce qu'elle est); là, elle me parlait avec une insistance, une grâce particulières, pour la surprise de l'avoir trouvée où je ne l'attendais pas et où je savais qu'elle ne pourrait subsister (ainsi le palais qu'Aladin découvre à son réveil en se frottant les yeux d'émerveillement). Peut-être aussi, pour son mélange comme illégitime au paysage, à la terre?

Et me voilà tâtonnant à nouveau, trébuchant, accueillant les images pour les écarter ensuite, cherchant à dépouiller le signe de tout ce qui ne lui serait pas rigoureusement intérieur; mais craignant aussi qu'une fois dépouillé de la sorte, il ne se retranche que mieux dans son secret.

> *Ce matin l'eau voile l'herbe*
> *l'écume revient aux roseaux,*
> *plume par le vent poussée!*

On retient les seuls éléments qui vous ont paru essentiels, on tente de les situer les uns par rapport aux autres : effarouchés par une telle indiscrétion, ils se détournent, s'éteignent. (C'est alors que l'on est tenté de revenir à l'image qui en sauve au moins un aspect.) Mais ce qui décourage, en même temps rassure : plus le signe se dérobe, plus il y a de chances qu'il ne soit pas une illusion.

Je sais bien que la vue de l'eau nous touche par une suggestion quasi machinale de fraîcheur, de pureté, qu'elle désaltère tout l'être. Mais je sais aussi que cette suggestion ne doit pas être abstraite de la chose, qu'elle doit rester à l'intérieur, donc cachée aussi dans le texte. C'est à la condition d'être plus ou moins cachée qu'elle agit; autrement, on n'a plus qu'une formule qui intéresse l'intelligence, que l'on admet ou réfute, et nous voilà sortis du monde que je crois le seul réel, engagés dans le labyrinthe cérébral d'où l'on ne ressort jamais que mutilé.

L'eau rencontrée ici n'est pas stagnante comme on eût pu s'y attendre; un vent plein de vivacité l'anime : des lignes qui fuient, obliquement, à sa surface (pluie couchée) et qui en sont de légers renflements, ou replis, montrant le vent; une sorte de mélange d'eau et de vent. Leur mouvement compte sans doute aussi dans la phrase qui semble, de là-bas, m'être soufflée. Ce sont d'ailleurs ces vagues presque imperceptibles qui, en se brisant sans bruit contre la barrière de roseaux, blanchissent en écume, se changent en plumage; en se heurtant à la légère, à la mystérieuse barricade, elle-même sensible, mobile, elle-même emplumée, empanachée à son sommet. Dire « miroir », « lingerie », c'est dériver vers un tout autre genre de grâce et de plaisir. Il y a eu d'abord, sûrement, la surprise, qui a fait s'éveiller le regard; celui-ci aperçoit alors un jeu de mouvements légers, presque silencieux comme aux jonchets (encore un rapprochement qui, pour être partiellement heureux, n'en doit pas moins être oublié, effacé). On est devant un certain mode de rencontre entre l'eau, l'air et la terre; un mode gracieux, discret, tacite. L'eau n'est qu'une surface mince sur la terre, dans l'herbe, l'air l'effleure, et c'est à des roseaux qu'elle se heurte, s'arrête. (Et la lumière? C'est à peine si, sur cette étendue mate, presque terne, joueraient quelques reflets, une étincelle.)

L'eau, miroir du vent; mais une prairie aussi, soyeusement, le dénonce.

*Il a suffi d'une barrière de roseaux
de la pluie qui a tiré l'eau des profondeurs
et du souffle de l'air, pour qu'à leurs pieds
figure le repos des migrateurs.   [l'écume*
...

*Soudain, où étaient l'herbe et la terre,
de longues pluies aux roseaux veufs
ont rendu leur étang.*

*Le vent souffle. Sur l'autre bord
où l'eau se heurte à ces cloisons de paille
l'écume! où hier s'ouvraient les narcisses.*

(Alors se manifeste l'irritation de n'avoir rien su dire, l'impatience, des bonds de côté :)

*Eau, défroisse tes pétales!
Paille, écume*
              Eau qui écumes contre ce mur de
                                          [paille!
...

*Contre cette cloison de paille
eau bienheureuse, tu t'ouvres
tu te changes en plume!*

(La « vérité » semblait pourtant si simple : je n'en garde plus que la coque, vide, même pas : des masques, une singerie...)

*Quelques plumes éparpillées
au pied d'une barrière de paille*

*c'est l'eau rendue aux roseaux veufs
par l'entêtement de la pluie.*

(Autant se laisser guider par le désir, ou égarer :)

*La pluie a tiré un miroir
de sous les herbes surprises.
Il y a de la lingerie
sur la rive éparpillée.
Où est la belle baigneuse
qui se trempe même en hiver
et qu'on ne voit jamais qu'enfuie ?*

(Puis :)

*La pluie a tiré un miroir
de sous les herbes surprises.
On voit de la lingerie
sur le bord éparpillée :
où est la belle assez éprise
pour se tremper même en novembre,
rejointe toujours trop tard,
jamais prise, jamais pillée ?*

*Derrière les roseaux qui tremblent
bouge la couche des oiseaux.*

Ainsi dois-je reconnaître pour le moment qu'il m'a été plus facile de céder à la rêverie des sens que de déchiffrer, et surtout de traduire, l'inscription que je suppose véridique.

Il apparaît aussi, une fois de plus, que la comparaison peut éloigner l'esprit de la vérité, l'énoncé direct la tuer, n'en saisissant que le schéma, le squelette. De sorte que l'on songe à nouveau au détour, à la saisie, en passant, d'un élément, à propos d'autre chose peut-être; voire à une phrase qui semblerait d'abord sans rapport avec les éléments donnés. C'est-à-dire, non plus à une comparaison entre deux réalités sensibles, concrètes, telles qu'écume et lingerie; plutôt, à une prolongation, à un approfondissement de la chose visible selon son sens obscur et en quelque sorte imminent, à une manière d'orientation; à l'ouverture d'une *perspective*. La tâche poétique serait donc moins, ici, d'établir un rapport entre deux objets, comme pour le faire au-dessus d'eux scintiller, que de creuser un seul objet, ou un nœud d'objets, dans le sens où ils semblent nous attirer, nous entraîner.

Théories : parce que je ne sais plus que dire, parce que tout se dérobe de plus en plus, se fige ou se vide.

Ne serait-ce pas que la terre s'est ouverte, que des oiseaux pourraient la traverser? Fontaine. Fenêtre à même le sol. (Ces « couches » de verre que l'on voit briller dans les jardins, ces serres qui forment une voûte d'eau sur les délicates fleurs.) Mais le ciel, alors, ne s'y reflétait pas. De même que le vent aboutissait, s'achevait en écume, il me paraît que je dois aboutir, comme à l'essentiel, à cette blancheur au pied d'une mobile barrière de paille : couleur sèche, pâle, pas tout à fait réelle au fond, couleur d'hiver, couleur qui n'est jamais vraiment proche (couleur de distance et de retrait), sans poids... Ainsi cette réalité se dérobe-t-elle à moi, ainsi m'appelle-t-elle sans que je parvienne à la rejoindre, ainsi tout est promesse, et ces roseaux ne devraient-ils pas être nommés « ailleurs », ou « demain »?

Il y a du vrai dans cette appréhension que cela se passe à distance, ailleurs, comme si le texte murmuré l'était bien dans une langue étrangère, comme si l'on nous faisait signe au-delà d'une frontière, là-bas... Là-bas cette frontière de paille et à son pied : est-ce de la neige, un plumage, de l'écume? Comme la neige à la cime de la montagne imperceptible, à la crête de l'eau, ce bouillonnement bref... Ne se pourrait-il pas qu'en s'éloignant ainsi, quelquefois, l'on se rapproche?

Cette course, aussi, de l'eau, cette fuite, ou cet élan rapide, ce frémissement. Ceci sans doute fut essentiel : une course mesurée, l'empreinte légère d'un souffle sur la fraîcheur...

Ah, cours vers cette frontière de paille avec [*bonheur*
inépuisablement vers cette barrière empana-
brise-toi et fleuris [*chée*
couronne-toi de neige sur l'obstacle!

Fraîcheur de l'eau. Sommeil parcouru de frissons. Dépliement continuel. Dépliement de fraîcheur.

>   *La juste frontière atteinte*
>   *la fraîcheur s'envole*
>
>   ...
>
>   *Dans l'herbe*
>   *l'eau qui s'envole!*
>
>   ...
>
>   *Dans l'herbe*
>   *de peur des roseaux*
>   *l'eau qui s'envole*

(Désormais des fragments de vérité sont effleurés. Tant pis si c'est à travers une forme empruntée :)

> *Contre ce qui t'arrête
> sache fleurir, comme l'eau.*

A la fois il y a mouvement, course, et il y a limite à peu près circulaire. Un cercle, à ras de terre, traversé de flèches.

> *Mon regard touche à sa limite :
> où la course de l'eau dans l'herbe
> à des roseaux s'ouvre en écume.*
>
> *Souffle du vent dans l'herbe
> tu peux cribler de flèches cette cible
> tu la traverses, tu ne l'atteins pas.*
>
> *Courez, eaux grises, tout le jour
> vers la frontière de roseaux :
> elle ne sera pas franchie.*
>
> *Cours, clair regard, à la barrière,
> surprends l'écume :
> seul fleurit l'inaccessible.*

Je regarde la terre. Parfois, pour une fleur épanouie dans une certaine lumière, pour un peu d'eau laissée par la pluie dans un champ, on dirait qu'elle s'ouvre et qu'elle nous dit : « Entre. » Le regard voit la frontière, un poste avancé, perdu au fond d'une très haute vallée, sur le seuil d'un Thibet, la terre a l'air de dire : « Passe. » Rien d'autre. Rien de plus.

Me serais-je converti aux éléments?

Qui me désaltère de cette eau?

J'entre et je bois

Ce ne peut être qu'un dieu qui m'invite à cette
                              [porte de paille

Je m'agenouille dans l'herbe pleine d'air

Si je me couchais maintenant dans la terre, je
                              [volerais.

La terre en cet endroit se creuse

Elle recueille l'eau dans un bassin d'herbes
                              [couchées

Je m'y abreuve longtemps

Puis je m'appuie à la barrière de paille

Ah, qu'on me fasse une tombe de ce vallon!

Je vois au fond briller l'ombre de l'Illimité.

Oiseaux invisibles

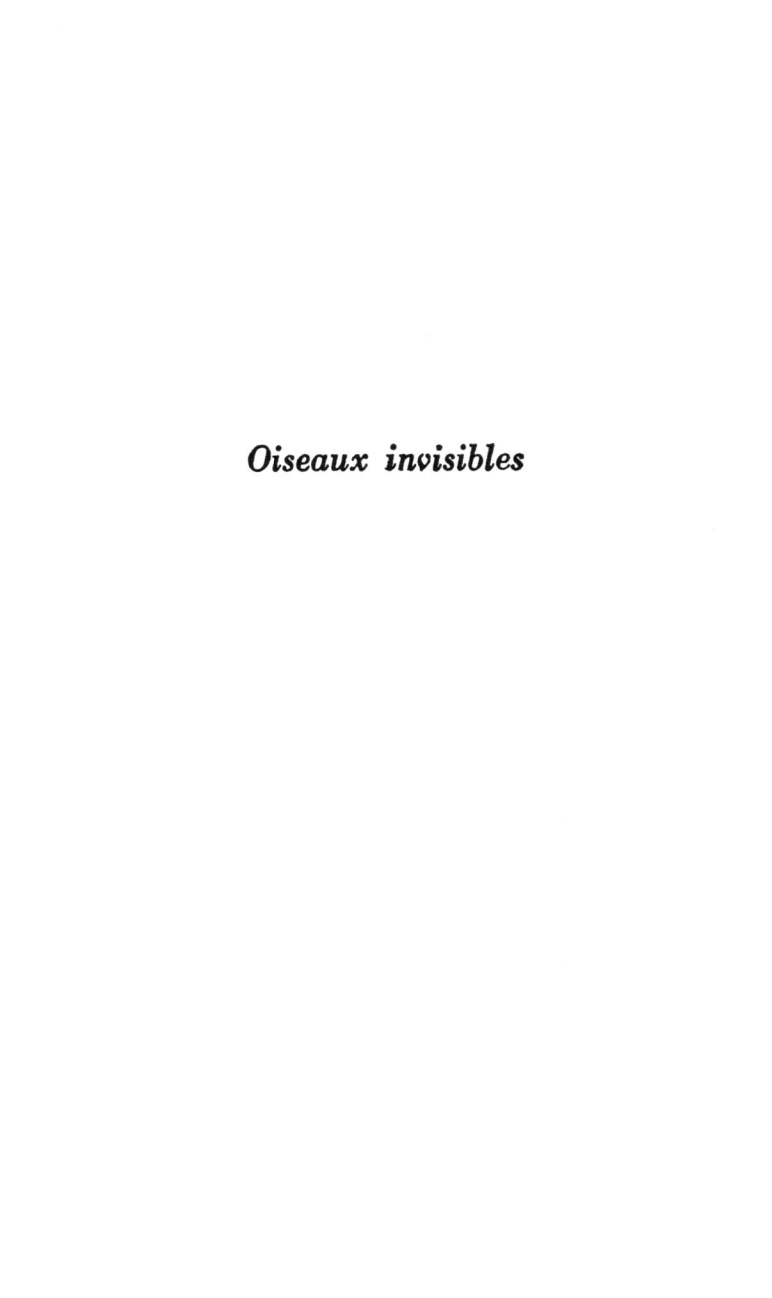

Chaque fois que je me retrouve au-dessus de ces longues étendues couvertes de buissons et d'air (couvertes de buissons comme autant de peignes pour l'air) et qui s'achèvent très loin en vapeurs bleues, qui s'achèvent en crêtes de vagues, en écume (comme si l'idée de la mer me faisait signe au plus loin de sa main diaphane, et qui tremble), je perçois, à ce moment de l'année, invisibles, plus hauts, suspendus, ces buissons de cris d'oiseaux, ces points plus ou moins éloignés d'effervescence sonore. Je ne sais quelles espèces d'oiseaux chantent là, s'il y en a plusieurs, ou plus vraisemblablement une seule : peu importe. Je sais que je voudrais, à ce propos, faire entendre quelque chose (ce qu'il incombe à la poésie de faire entendre, même aujourd'hui), et que cela ne va pas sans mal.

C'est une chose invisible (en pleine lumière,

alors qu'il ne semble pas que rien puisse la cacher, sinon justement la lumière, peut-être aveuglante), c'est une chose suspendue (c'est-à-dire à la fois « en suspens » — l'arrêt, l'attente, le souffle retenu pour ne rien troubler d'un précieux équilibre —, et « flottante » : montant et descendant doucement sur place, tel un amer selon le souffle des eaux); c'est une chose, surtout, qui rend sensible une distance, qui jalonne l'étendue; et il apparaît que cette distance, loin d'être cruelle, exalte et comble. Tantôt cela se produit en plusieurs points à la fois, évoquant un réseau dans lequel on se réjouirait d'être pris, ou de grêles mâts soutenant, chacun la soulevant un peu à sa pointe, la tente de l'air (massif de légères montagnes); ou encore un groupe de jets d'eau, colonnes transparentes d'une ruine sans autre toit que le ciel infini; tantôt successivement, à intervalles inégaux rétablissant aussitôt le silence jusqu'au fond du monde, comme une série de fenêtres ouvertes l'une après l'autre sur le matin dans la grande maison de famille...

Or, ce n'est pas du tout cela. L'image cache le réel, distrait le regard, et quelquefois d'autant plus qu'elle est plus précise, plus séduisante pour l'un ou l'autre de nos sens et pour la rêverie. Non, il n'y a dans le jour où j'entends cela que je ne sais pas dire, ni tentes, ni fontaines, ni maisons, ni filets. Depuis longtemps je le savais (et ce savoir ne me sert apparemment à rien) : il faut seulement dire les choses, seulement les situer, seulement les laisser paraître. Mais quel mot, tout d'abord, dira la sorte de sons que j'écoute, que je n'ai même pas écoutés tout de suite, qui m'ont saisi alors que je marchais? Sera-ce « chant », ou « voix », ou « cri »? « Chant » implique une mélodie, une intention, un sens qui justement n'est pas décelable ici; « cri » est trop pathétique pour la paix sans limites où cela se produit (cette paix non sans analogie, soudain j'y songe, à celle qui règne à tel étage du *Purgatoire* où il se trouve que l'on assiste à quelque chose d'assez semblable, à l'apparition dans l'air, inattendue, de fragments d'hymnes tronquées : *la prima voce che passò volando...);* « voix », bien que trop humain, serait moins faux; « bruit », quand même un peu vague. Ainsi est-on rejeté vers les images : ne dirait-on pas, cela qui me touche et me parle comme l'ont fait peu de paroles, des bulles en suspens dans l'étendue, de petits globes invisibles, en effervescence dans l'air; un suspens sonore, un nid de bruits (un nid d'air soutenant, abritant des œufs sonores)? Une fois de plus, l'esprit, non sans y trouver du plaisir, quelquefois du profit, vagabonde.

Qu'est-ce donc que j'aurais voulu dire? L'émotion (exaltante, purifiante, pénétrant au plus profond) d'entendre, me trouvant au-dessus d'une vaste étendue de terre, de bois, de roche et d'air, les voix d'oiseaux invisibles suspendues en divers points de cette étendue, dans la lumière. Il ne s'agit pas d'un exercice de poésie. Je voudrais comprendre cette espèce de parole. Après quoi (ou même sans l'avoir comprise, ce qui vaudrait peut-être mieux), je serais heureux de la faire rayonner ailleurs, plus loin. Je cherche des mots assez transparents pour ne pas l'offusquer. Je sais par expérience (mais le devinerais aussi bien sans cela) que j'ai touché maintenant cette immédiateté qui est aussi la plus profonde profondeur, cette fragilité qui est la force durable, cette beauté qui ne doit pas être différente de la vérité. Elle est ici et là, distribuée dans le jour, et les mots ne parviennent pas à la saisir, ou s'en écartent, ou l'altèrent. Les images, quelquefois, en éclairent un pan, mais pour laisser les autres obscurs; et l'énoncé direct, le plus simple, quelque chose comme : « l'étendue est peu-

plée d'oiseaux invisibles qui chantent », ce que l'on rêve d'obtenir, une ligne sans ornements et sans détours, tracée avec modestie, presque naïvement, serait-ce qu'il nous est désormais impossible d'y atteindre? Il semble qu'il faudrait dormir pour que les mots vinssent tout seuls. Il faudrait qu'ils fussent venus déjà, avant même d'y avoir songé.
  Probablement n'est-ce que moi qui trébuche.

  Écoute donc encore (ou s'il valait mieux oublier?). Écoute, regarde, respire. Ce qui eut nom « ange » quand cela ressemblait encore à l'oiseau des hauteurs qui fond sur sa proie, à la flèche qui s'enflamme d'avoir voulu trop promptement porter la nouvelle en plein cœur, ce qui eut nom « ange » aura battu de l'aile un instant, peut-être, dans l'aire du monde. Un éclair qui, en l'absence de tout nuage, étonne et aveugle. Détourne-toi plutôt. Mais tu entends encore. Tu perçois les lieux, les intervalles. Autrefois déjà tu as pressenti ce rapport, cette figure. Il y a une constellation en plein jour, dans l'ouïe! Il y a de l'eau qui sourd là, et là, et là! Il y a de petits ouvriers emplumés qui arpentent, immobiles, l'immense, qui ne sont plus que sonores instruments de mesure, diapasons invisibles, lyres de céleste cadastre...

Sauf que tout était beaucoup plus humble, proche et réservé. C'était notre vie, avec ses cahots : peu de mérite, peu d'ardeur, partout des menaces. Un cœur peu généreux, un esprit incertain et prudent, rien que des vertus négatives, d'abstention; et quant au monde : un visage tailladé. Le fer dans les yeux, l'os carié. Le siècle que l'on ne peut plus regarder en face. Et rien que d'avoir entendu ces voix auxquelles je ne m'attendais plus, ainsi liées aux arbres et au ciel en même temps, ainsi placées entre moi et le monde, à l'intérieur d'une journée, ces voix qui se trouvaient être sans doute l'expression la plus naturelle d'une joie d'être (comme quand on voit s'allumer des feux pour une fête de colline en colline) et qui la portaient, cette joie, à l'incandescence, faisant tout oublier des organes, des plumages, de la pesanteur (comme fondus dans sa sphère), rien que d'avoir entendu cela, mon attention s'était portée à nouveau, par surprise, par grâce, vers ce qui, plus pur, la purifie et, plus lumineux, l'illumine.

Ciel. Miroir de la perfection. Sur ce miroir, tout au fond, c'est comme si je voyais une porte s'ouvrir. Il était clair, elle est encore plus claire.

Pas de clochers. Mais dans toute l'étendue, l'heure de l'éternité qui bat dans des cages de buée.

Suprême harmonie, justice de l'Illimité. On aurait dit que chacun recevait sa part, la lumière qui paraît infinie distribuée selon l'aérienne convenance.

Le pré de mai

Longer le pré aujourd'hui m'encourage, m'égaie. C'est plein de coquelicots parmi les herbes folles.

Rouge, rouge! Ce n'est pas du feu, encore moins du sang. C'est bien trop gai, trop léger pour cela.

Ne dirait-on pas autant de petits drapeaux à peine attachés à leur hampe, de cocardes que peu de vent suffirait à faire envoler? ou de bouts de papier de soie jetés au vent pour vous convier à une fête, à la fête de mai?

Fête de l'herbe, fête des prés.

Mille rouges, dix mille, et du plus vif, tant ils sont brefs! Gaspillés pour la gloire de mai.

Toutes ces robes transparentes ou presque, mal agrafées, vite, vite! dimanche est court...

Le pré revient. Il est tout autre encore que cela, bien plus candide, bien plus simple.

Toutes ces « trouvailles » le trahissent, le dénaturent. Il est aussi bien plus étrange. Plus vénérable même peut-être, malgré tout?

Il est la chose simple, et pauvre, et commune; apparemment jetée tout au fond, par terre, répandue, prodiguée. La chose naïve, insignifiante, bonne à être fauchée ou même foulée. Et néanmoins grave, si l'on y songe mieux, grave à force d'être pure, innocente, à force d'être simple. Grave, et grande. Autant que pierres et rivières, autant que toute chose du monde.
A ras de terre, ces mille choses fragiles, légères, ce vert jaunissant déjà, ce rouge éclatant et pur; et pourtant, entre terre et ciel (quand le chemin passe en contrebas, je m'en assure). Donc elles montent aussi, ces herbes folles, ces fleurs vives et brèves; même ces modestes sœurs du sol montrent le haut; et ces pétales de papier, s'ils tiennent à peine à la tige, c'est qu'ils se confient, c'est qu'ils se livrent à l'air... Lui ressembleraient-ils? Et s'ils étaient des morceaux d'air tissé de rouge, révélé par une goutte de substance rouge, de l'air en fête?

Choses innocentes, inoffensives. Enracinées sans doute par en bas, mais un peu plus haut presque libres, détachées. Exposées, offertes. Comme un dimanche de cloches gaies dans la semaine des champs, comme quand les filles vont danser en bandes l'après-midi au village le plus proche.

Ces choses, herbes et fleurs, ces coloris, cette foule, entr'aperçus par hasard, en passant, au milieu d'un plus vaste et vague ensemble,

herbes et coquelicots croisant mes pas, ma vie,

pré de mai dans mes yeux, fleurs dans un regard, rencontrant une pensée,

éclats rouges, ou jaunes, ou bleus, se mêlant à des rêveries,

herbes, coquelicots, terre, bleuets, et ces pas entre des milliers de pas, ce jour entre des milliers de jours.

Prose au serpent

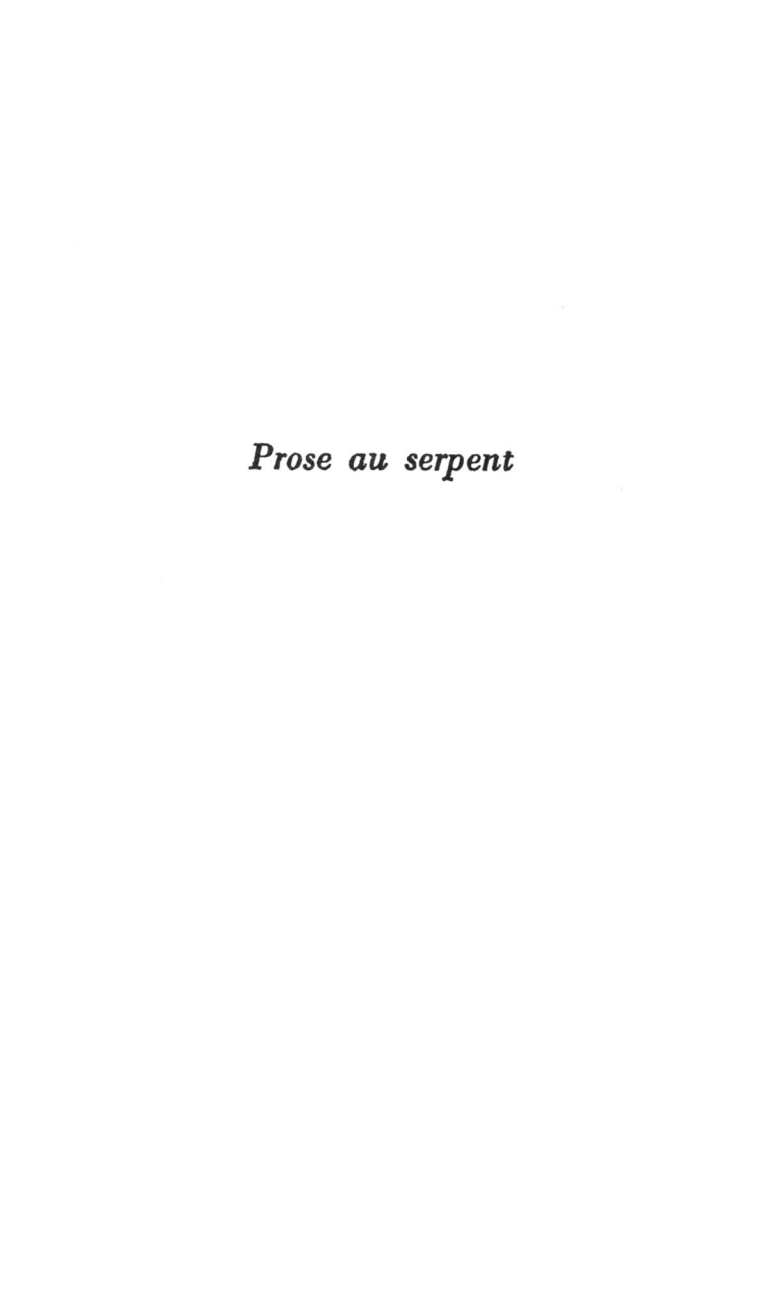

« Pins et sable » : c'est toujours, où que l'on trouve cet accord, comme si on allait respirer, apercevoir la mer. L'idée du plaisir brûle et court, les pieds nus, entre ces troncs; il y a la place, rien n'arrête les pas ni la vue. Le sable a la couleur d'un feu qui dormirait, qui se serait replié en sommeil, d'un incendie changé en lit; alors, nos corps seraient reçus par ces flammes alanguies, par cette souple poudre de feu, sous les hauts éventails verts, couleur d'ombre, qui, si leurs plumes sèchent et tombent, ne font qu'ajouter aux draps du sable une couche à peine moins rose, à peine moins tendre.

Mais ce rêve n'a que le temps de s'ébaucher; marche-t-on encore un instant entre les troncs, loin que la mer y éparpille enfin ses étincelles et ouvre un autre lit encore aux bêtes, aux déesses qui courraient y baigner leur autre feu, c'est une espèce de brume verte qui flotte, séduisant, décevant la vue. On s'était cru enflammé par un feu que la proximité de ses signes n'empêchait pas de rester lointain, tempéré, on se chauffait à sa distance; on le tenait dans ses mains comme un visage ou une rose. Mais cette brume s'est approchée, et l'on se croirait alors en automne, quand, adossé au mur encore chaud de la maison, l'on voit courir à l'horizon les premières pluies.

On est entré dans un cercle de collines. Si solitaire que parfois, des nuages couvrent-ils le ciel, le silence en devient presque inquiétant. Toute la combe fait penser à cette feuille de la plante dite « cabaret-des-oiseaux » parce qu'elle retient en son fond une goutte, la plus pure dirait-on, de la pluie. Seulement, ici, y a-t-il de l'eau? On ne s'en assure qu'en s'engageant dans les fourrés de roseaux plus hauts que vous : une eau stagnante, une espèce de sol évasif se révèle alors sous vos pieds, qui hésitent à s'y perdre. Mais du bord de ce qui est tout de même un étang, et même de la crête de la falaise qui le domine d'un côté, rien n'est visible d'elle que ce qui en sort et la couvre, c'est-à-dire, outre un groupe de nénuphars et les dômes épars de quelques buissons inondés, cette foule, cette brume de roseaux, qui font un bruit de paille ou de papier de verre quand on approche.

On les regarde, ainsi recueillis dans ce creux. D'en haut, on s'aperçoit qu'ils ne sont pas une simple brume verte, que plusieurs nuances fuyantes s'y nouent, s'y dénouent, multiples, changeantes, fines, distraites. Pareilles à celles qui animent un crépuscule de nuages, après que le soleil a disparu : des verts, des bleus, des roses, des bruns, toujours mêlés de gris, frappés d'absence. Miroir terni où le ciel délierait des gerbes de reflets. Miroir au cadre de sable, où la terre (car c'est toujours la terre) se fait incertaine, où elle s'ouvre et se voile.

On marche, on se rapproche, on s'arrête. Personne toujours. Nul qui ouvre la porte des forêts. Tout a-t-il cessé de vivre? Alors, il apparaît qu'il n'est pas un de ces roseaux qui ne bouge. Un chuchotement rapide passe de l'un à l'autre, un peu plus haut que le sol; au-dessus, des cris épars d'oiseaux que l'on devine, que l'on perd de vue. Entre le ciel et ses reflets. Rien que l'espace, presque immobile, et au milieu ce murmure, éternel.

Au-delà de l'étang, le chemin suit le pied d'une colline en forme de pyramide, plantée de pins, où la terre est pourpre. Je marche maintenant dans ce feu encore plus lointain, encore plus vieux. De hautes fougères flambent doucement, comme suspendues, portant leurs graines sous l'aile avant de les prodiguer autour d'elles. Les plantes s'élèvent-elles pour autre chose que ce don léger? Ainsi voit-on des jeunes filles répandre le pollen de leurs regards. Mais le bois est désert. Je m'entends à peine avancer. Des pierres se sont éboulées parmi les aiguilles pourpres. Un ramier glisse du haut d'un arbre, descend obliquement, se pose : éventail de plumes grises qui s'ouvre sur le sol; ou plutôt, morceau de silence détaché de l'espace. A moins que ce ne soit, sur mon cœur, un battement de paupières? Que rien ne s'éloigne plus! Les fougères, les roseaux tremblent.

Un grand serpent disparaît dans les hautes herbes jaunâtres.

Le silence pèse. Vais-je imaginer qu'une femme le dérange, qui approche entourée de ses cheveux, vais-je apprendre ce que sont des yeux qui ignorent le temps, et comment on marche quand on n'a ni regrets, ni désirs?

A-t-elle, pas plus liée par ses pieds au sol que la flamme à la bougie, le regard opaque (ou trop transparent) des bêtes? Est-ce pourquoi elle aurait prêté l'oreille à l'une d'elles? Le serpent nous répugne peut-être parce que nous savons son histoire. Elle, le voyait-elle seulement? Ce n'était qu'un éclair paresseux ou une eau lente. Elle était encore prise dans le globe clos du jour : lesquels de nos mots auraient-ils eu un sens pour elle? Sûrement pas danger, faute, mensonge...

A peine y eut-il cette ligne divisant l'eau de l'air comme le fil d'une épée entre eux dans le lit de l'espace, que l'une et l'autre frémirent, se troublèrent, attendirent. De l'eau couchée montèrent des souffles, des fumées, une moiteur; ce n'était plus l'étendue, c'était d'une extrémité à l'autre un frisson, des soupirs; et d'une extrémité à l'autre du ciel, les traits avides de la pluie, autant de flèches que de cibles, autant de dards que de lèvres entrouvertes.

Déchirure sur déchirure. Comme d'une infime graine tombée en terre sort une tige, et de celle-ci des branches, et de chaque branche des feuilles, de la première énorme distance naissaient mille distances de plus en plus courtes et subtiles, chaque pôle se formant aux extrémités de chaque intervalle comme un fruit. Des gazelles couraient pour mesurer les sables, des oiseaux arpentaient l'air. Ils ne prenaient pas seulement mesure des distances naissantes, ils essayaient de lier les points de l'espace sans cesse croissant comme on lie une gerbe, de surmonter des gouffres, pareils en cela aux futurs navigateurs, sur leurs barques ou dans leurs fusées.

Survinrent les signes de divisions plus étranges, plus effrayantes. La bête qui achevait une course n'était plus la même que celle qui l'avait commencée; elle n'avait pas franchi que des sables ou des savanes; elle avait traversé des aubes pareilles à des grottes de nacre pour s'arrêter devant la braise des crépuscules; les jours vieillissaient. Il est vrai qu'ils renaissaient aussi. C'était encore comme le tournoiement superbe des aigles, des étoiles. On n'était pas encore assez déchiré, assez désirant. Le serpent vint approfondir la blessure.

Je rêve à ce jardin dans la solitude irisée de cette combe. Je contemple un tremble dont pas une feuille n'est immobile, comme un clocher aux milliers de cloches, pour une obscure alarme. Les bêtes habitent avec tranquillité le Temps. C'est comme si rien n'était encore visible à aucun regard. Tout est encore à l'intérieur d'un sommeil illimité. Soudain, pour la première fois, ces yeux s'entrouvrent. Elle n'était pas différente des bêtes; à présent, elle voit la distance, les couleurs, les ombres, la beauté insidieuse; elle voit que les choses changent, pourraient fuir, lui échapper. Elle s'alarme, se trouble; elle devient si belle que même les figures invisibles du ciel descendent vers son nid. Et de même qu'elle a été expulsée de la sphère divine, le sang sort de son corps, et coule, plus épais que l'eau. C'est le premier sang visible. Il enténèbre le sol.

A celui qui se penche vers elle, la terre a-t-elle jamais livré des simples pour ces blessures?

(Mais, qu'est-ce que je cherche à comprendre? La jeunesse bel et bien perdue, des corps sans défaut se glissent à la moindre occasion dans mes paysages, comme à l'enfant qui feuilletait les dictionnaires s'offraient toujours les mêmes troublantes peintures. Et pourquoi pas? Pourront-elles jamais cesser d'aimanter nos regards, elles, les fraîches, les décevantes, les douces, nos bergères, ces lueurs ou ces clés qui tournent dans l'obscurité, qui ouvrent le monde, en déplacent les murs, elles justement qui semblent des habitantes du Jardin, qui le recréent un instant autour de nous; mais on sent que ce n'est pas le même, c'est comme quand on voit deux images en surimpression, ou que derrière le plus beau ciel on se rappelle la nuit ou l'on pressent un orage, comme quand on devine le crâne sous la peau, c'est déjà plein de flammes derrière les fruits mûrs, les degrés ascendants basculent, le haut et le bas se confondent, le caché émerge, flambe, une odeur de dissolution gagne, comme si de toutes les beautés la plus irrésistible ne paraissait que pour nous faire sentir par un plus court chemin la mort. Bergères infernales.

Ce passage que d'antiques histoires ont figuré, que d'autres images nées d'un site un peu trop solitaire cernent ici à nouveau et en vain, n'est-ce pas en réalité le point, la borne qui doit marquer la limite de la compréhension, l'obstacle qu'il est ridicule de prétendre lever ou sauter, à moins de sortir de notre nature? Il n'y a jamais eu ni Jardin, ni Serpent. Mais nous sommes vraiment ici, voyant des choses au travers des autres, des dieux et des morts derrière les vivants, des anges et des flammes au milieu des plantes, tout ce mélange de chair et de fumée est réellement en nous. Il faudrait une bonne fois cesser de dire : « Quel est le chemin du lieu sans tache ? » ou encore : « Pourquoi vieillis-tu, pourquoi pars-tu, pourquoi me trahis-tu ? » Ou nous refusons cette limite, et nous refusons tout (par quelque forme que ce soit de délire, d'excès), ou nous l'acceptons, et nous vivons avec elle. Mais comment, si la croyance en une résolution des contraires avant ou après la mort ne nous est pas donnée ? Faut-il briser, chaque fois qu'il se reforme, tout élan vers le Jardin, chasser le plus faible de ses reflets ? Plutôt, ceux-ci, les saisir en leur rapide passage, sous toutes leurs formes (variables selon les temps, les lieux, les natures), les maintenir tant bien que mal, aveuglément, n'importe quelle lueur au mur d'une prison étant bienfait...

Avant de sortir du cercle dont le centre se creuse à l'infini, je vois encore des yeuses et des rochers. On dirait un monument abandonné, couvert de cendre.

(... Un incendie endormi, c'est ainsi que je ressens Rome, où il y a aussi des pins. Et je pensais plus irrésistiblement encore à cette ville qui m'a touché jadis plus qu'aucune autre, quand je me tournais vers les yeuses qui hérissaient les rochers, sur un des côtés de l'étang. Dès la première fois, aussi, j'avais pensé à des peintures de Poussin, aux plus admirables, celles où les personnages qui semblent presque engloutis par l'espace n'en sont pas moins le foyer. On pourrait en déduire que, si ces paysages me touchent, c'est qu'ils seraient chargés de « culture ». La vérité doit être inverse. En de tels lieux sonnent, plus ou moins clair, certains accords d'éléments, d'autant plus immuables qu'essentiels, qui ont été ensuite transposés chez Virgile, dans Poussin, ailleurs encore, et que l'on réentend à Rome enrichis des multiples échos qu'ils y ont fait naître. Chez Poussin, tout l'espace devient monument. Les mesures sont amples et calmes. La terre et le ciel reçoivent leur part juste, et dans ce monde harmonisé il y a place pour les dieux et les nuages, pour les arbres et les nymphes. Le temps ici ne joue ni ne délire. Il est pareil à la lumière qui dore les dômes de feuillage et ceux des villes lointaines, les chemins et les rochers. A travailler aussi lentement les choses, il perd son tranchant. Les vieillards ont la majesté des forteresses, des pierres, et justement de ces arbres noueux et sombres qui s'accordent bien aux rochers.

Quand je me détourne de ces grands pins qui crépitent au-dessus du sable pour interroger la muraille aux yeuses, c'est comme si je quittais l'été pour entrer dans l'hiver, et comme si je descendais d'un pas lourd, intimidé, vers des éléments plus profonds encore. L'os de la terre saille, couvert de cendre. Mais si c'est une tombe, elle est grave sans tristesse, sombre sans désespoir, et c'est encore un monument. Le sombre et le clair, le lourd et le léger, tout est soumis à des lois si grandes, si souveraines, qu'il n'y a aucune place ici pour la mélancolie, ni pour la crainte, ni pour une seule défaillance.

L'esprit des augures, s'il n'y commande plus depuis longtemps, pourrait persister encore en ce lieu, comme le sourire d'un ancêtre sur le visage d'un lointain descendant.)

Soir

De nouveau ce moment où l'heure est parfaitement immobile, où le ciel semble plus haut, quand la lumière est une huile qui dore la terre bientôt plus sombre. Ses verdures en cette saison s'effacent par endroits, laissant la place aux rectangles des blés et des lavandes. Je retrouve ce jaune dont je n'ai pu saisir le sens, sinon qu'il est lié à la chaleur, au soleil. Ces champs me font penser aux corbeilles d'osier où l'on couche avec précaution les fleurs, à ces cageots où sont serrés les poissons, à des bassins grouillant d'un frai doré. Mais ce sont des champs couchés sous le feu qui les travaille et les soulève, cuisant lentement dans le four céleste; tandis que tout à côté, comme voisinent au marché des corbeilles d'espèces variées, les lavandes se fondent en eau crépusculaire, en sommeil, en nuit. Soleil, sommeil. Ce qui flambe, rayonne, et ce qui se recueille.

Tâches utiles du jour, parfums envolés de la nuit. Ainsi chaque parcelle de l'étendue (au pied d'un bourg de cristal rose presque emporté, dirait-on, par l'ascension de l'air) flatte en nous d'autres souvenirs, d'autres rêveries, mais toutes s'accordent, elles aussi suspendues à la profondeur, de plus en plus limpide, du soir d'été : l'une loue la chaleur qu'elle semble avoir serré dans ses tiroirs comme autant de pièces d'or, l'autre rappelle à voix basse l'obscurité qu'elle retient dans ses fontaines.

Ailleurs est dite par les prés une parole encore plus lointaine et plus merveilleuse: dans ces sortes d'enclos où veille un seul peuplier, où quelques mûriers s'arrondissent, où j'aperçois encore une dizaine de moutons groupés, à contre-jour, bientôt dans l'ombre. Qu'est-ce qui accorde si parfaitement ces quelques bêtes à l'herbe haute et à l'huile du soir? Là-bas, dans le lointain, que signifie ce groupe serré, silencieux, à peu près immobile? Ce sont des bêtes douces, domestiques si l'on veut mais plutôt à la façon de fantômes que de chats ou de chiens, au fond très lointaines elles-mêmes, douces, presque éternelles et presque absentes, amies de la terre nue, de la poussière et des pierres — et telles que si le seul bélier qu'elles suivent vraiment était la lune. Vieilles comme les pierres, elles-mêmes pierres laineuses, ou antiques outres laineuses pressées les unes contre les autres, usées, farouches, cachées par la poussière que leur trottinement soulève, immémoriales et saintes, puisque leur sang cherche les âmes des morts, puisque se baigner dans leur lait purifie. Éternellement bêlantes et trottant dans un nuage de poussière, bénignes, râpées, peureuses, c'est toujours comme si Jacob, comme si Ulysse parmi leur âcre odeur allait paraître et longuement nous regarder.

Mais ce soir, c'est autre chose : quand elles sont arrêtées, en groupe, en cercle, dans les herbes, entre le vert et l'or d'un pré qui peu à peu s'assombrit. Ce serait plutôt, juste encore visible avant la nuit, comme à la lueur jaune d'une bougie, une sorte de concile chuchotant, de conseil occupé d'on ne sait quel souci. Bêtes dorées par la flamme invisible, tandis que la cire s'épanche et bientôt blanchira au bord du ciel, recevant sur leur front étroit, osseux (presque un crâne déjà) l'huile sainte du crépuscule, l'onction solaire, dans cet enclos bordé d'arbustes. Autour d'elles, qui les garde et les situe, il y a moins une barrière ou une haie qu'un autre cercle, une autre assemblée plus large de feuillage dont l'ombre se creuse, une enceinte qui, plutôt qu'elle ne les enferme, en frissonnant doucement fraie un passage à l'obscur — et, à cause de la fraîcheur, on imagine que c'est la nuit qui monte d'en bas, non la nuit cruelle dont le vide est angoisse sans fond, mais la diaphane, l'arbre veiné d'argent — tandis que les bêtes se serrent au centre encore éclairé, dans ce dernier sursis du jour. De loin, on ne peut deviner ce qu'elles font, si elles broutent, si quelqu'une bêle, si elles écoutent ou attendent. Peu importe. Gardées par l'effusion des profondeurs, dans cette boucle scintillante et fraîche de la nuit imminente, encore aidées par la flamme d'une chandelle que nul ne tient, on les dirait toutes ensemble occupées à épeler tout bas les mots « herbe », « terre », « pacage »; à moins que ce ne soit « paix infinie », « paix souveraine », « tranquillité dans le centre à jamais ». Dernière leçon dans l'école bocagère, vêpres d'étable dans ces replis des campagnes : la leçon dite et entendue, voici la flamme soufflée, et le doux trait du sommeil fiché en plein cœur de toutes choses.

*Même lieu,
autre moment*

Je me penche à ma fenêtre de rochers, dans le miroitement de l'après-midi d'octobre. Pour quelques instants, je joue au rapace dans son aire (et, plus patient, telle autre année, j'aurais pu voir le milan des blés planer au-dessous de moi), j'imite le solitaire de l'Orient dans sa grotte à flanc de montagne, réalisant sans danger d'enfantines rêveries. Mais tandis que celui-ci médite, les yeux fermés, et que sa parole sans voix cherche au plus bas de la spirale intérieure l'oreille invisible du dieu en qui sont rassemblés les quatre angles de l'univers, moi, j'interromps mes pensées, j'oublie que j'ai un cœur, je mesure les apparences. Aujourd'hui, j'ai une règle d'or entre les mains, une balance d'or où je vais peser tour à tour l'ombre et le vent, la poussière, les bruits et les feuilles. Au bas des dalles de rocher qui s'achèvent en broussailles hirsutes, de cette espèce de cimetière de géants effondré, de ces immenses tables renversées et de ces tombes qui, même brisées, rassurent et accueillent, envahies qu'elles sont par une mousse épaisse dont la douceur n'est comparable à rien, s'allongent des champs verts ou roses (d'un vert plus ou moins clair, d'un rose tirant ou vers le brun, ou vers le pourpre), couleurs plus légères, plus fraîches, plus indéchiffrables encore que le blason bleu et or de l'été. Que la terre labourée soit rose... Que l'étendue soit verte et rose... Je ne sais à quoi ces deux mots me font penser, ils luisent comme un fil au bout duquel on devrait trouver je ne sais trop quoi d'agréable, de bienfaisant. Ce rose n'est pas celui des fleurs, ni d'un corps surpris dans son sommeil, ni d'un pelage de gibier; plutôt celui d'un ciel d'hiver, celui d'une lampe dans son manteau de soie, d'un feu de braise que l'on verrait à travers une vitre épaisse, enfumée; et ce vert tout à côté, c'est l'herbe dont se repaissent encore une fois mes yeux, l'herbe nouvelle bien que l'on soit au déclin de l'année, c'est l'herbe grave et gaie, rieuse et taciturne, tendre et drue, éternelle et vivante comme les sources, c'est l'herbe, la ressuscitée. Là où j'avais vu au plein de l'été côte à côte la nuit et le jour, est-ce que je ne découvre pas à présent le matin et le soir? Vert et rose... J'ai beau chercher, je n'ai pas encore le mot. Vert et rose... Seraient-ce les armes de l'enfance, du premier amour? Tout au fond de ma rêverie, est-ce une idylle qui tremble et se déforme comme ce qu'on devine au fond de l'eau, rubans et feuillages, une fête rustique comme il ne s'en fêtera plus? Je rouvre les yeux, pour retrouver les labours et l'herbe ensoleillée.

Nul qui travaille ici. Tout le monde est dans les vignes que les rochers me cachent, on entend seulement des fragments des histoires qu'ils se lancent de rangée en rangée, quand ils se redressent. Et la maison fermée est vide, avec ses hangars d'où la paille déborde, son jardin confus, plein d'ombre, de buissons, de fleurs, où une enfance est cachée, qui rit ou pleure avec la même conviction, dans les chemins.

Au milieu du pré, trois mûriers côte à côte sont pareils à des harpes dressées pour les Invisibles, les Absents, et dont la voix aussi se dérobe. Ils sont là groupés telle une haute et fragile barrière, telles ces choses qui se trouvent sur un passage pour intervenir, pour transformer : barrière, écluse, tamis. Ils filtrent le vent ou le jour, on voit bien, en tout cas, cette ombre à leurs pieds qui s'amasse; et quelque jour, je percevrai le chant qui s'en dégage. Ainsi voudrais-je filtrer le temps jusqu'à ce que je n'en aie plus la force ou le courage, enraciné dans la terre colorée.

L'oiseau le plus proche crie faiblement, toujours aux mêmes intervalles. Les feuilles que touche la lumière aveuglent.

Au-delà, tout n'est plus qu'ombre de collines, de bourgades, flottant dans une vapeur très blanche, et de la dernière tour sans cloches, le vent, quand il s'accroît, m'apporte les confuses nouvelles de la distance. Je comprends seulement : « ici, ici, ici », ou : « vie, vie, vie »; et moi qui si souvent tremble et perds pied, moi que le moindre sang dévoyé écœure, je me remets à les traduire, ici, à ma fenêtre de pierre, dans la lumière qui est le lait des dieux, ici, sous la Couronne invisible, en cet instant.

Deux lumières

D'un bref voyage à Cologne, quand toutes les images seront effacées, même l'imperceptible progrès des chalands sur le Rhin comme immobile entre les collines bâties de vert sombre, de rose et de fer, je me rappellerai encore deux tableaux du musée : un Lorrain, un Rembrandt.

Paysage avec Amour et Psyché, tel est le titre du Lorrain. On en voit d'abord l'arrière-plan (qui me semble moins vaste sur la photographie que dans mon souvenir); on est attiré par lui, on y plonge comme dans un autre regard. C'est une plaine profonde avec les méandres indistincts d'un fleuve, des collines au loin qui paraissent le gonflement d'une respiration, un très haut ciel avec quelques nuages, et tout ce grand espace comme changé en rayonnement, absorbé, ravi par la lumière (que j'imagine, ainsi argentée, du matin). Cette lumière est posée dans un nid ou un berceau de matière sombre dont les bords seraient deux masses d'arbres s'élevant de part et d'autre de la toile au second plan (celle de gauche plus ample), et le creux, la bande de terrain nu entre les deux. Composition qui suggérerait de la façon la plus traditionnelle la sérénité d'une pastorale, si ce terrain, tout près de nous, n'était illuminé à son tour par une autre trouée, par un long étang où se reflète le ciel; de sorte que la terre obscure semble plus légère, semble presque suspendue. Peu importe qu'il y ait des villes (s'il y en a) dans le lointain, des colonnades ruinées sous les arbres de gauche, des bergers au pied des arbres de droite, avec leurs bêtes; en revanche, pour minuscule qu'il soit dans l'étendue, on ne peut pas ne pas voir, émergeant de l'eau à mi-corps, l'étrange couple de l'enfant et de Psyché. Psyché s'est baignée vêtue (la pudeur de l'âme); peinte de dos, elle tient les bras largement ouverts, les mains vers le ciel, dans un geste de salutation et d'accueil qui reproduit celui de la terre et des arbres portant dans leur nid la lumière; ses bras et son profil sont parmi les points les plus clairs du paysage. Tout cela : la profondeur radieuse, la terre et les feuillages, les eaux et ce petit couple, tout cela n'est plus aujourd'hui qu'un accord de vert presque noir, et d'argent. Tout cela est immense, calme et pur, et, si l'on essaie de l'entendre, prodigieusement silencieux. Ce n'est pas une scène qui est montrée, ni un lieu déterminé, ni la nature même; c'est plutôt l'étendue dans le jour, l'heure du plus candide éveil.

Sans doute aurais-je été comblé si la baigneuse n'avait pas eu ces voiles : le songe de la jeunesse aurait été contenu tout entier dans cette peinture (mais on pouvait les lui arracher quand le soleil aurait foulé toutes les ombres, à midi, quand l'eau même se serait mise à brûler). Toutes les choses fumant comme un souffle clair! Tranquilles, à moitié endormies, et qui montent! Je comprends ce que j'aurais voulu : que par une ascension imperceptible, silencieuse, continue, chaque parcelle sombre et pesante des fondements s'éclairât, s'allégeât, se concentrât pour devenir, tout à la fin, cime brillante.

Il est étrange que, sans que je l'aie cherché, sans même que j'y aie pensé sur l'instant, une autre œuvre, dans ce même musée, semble à présent être venue compléter (ou corriger, ou contredire) celle-là : comme si la première m'avait fait réentendre une phrase passée, et que celle-ci m'annonçât plutôt quelque chose, ou me montrât une direction dans les années non vécues encore.

Ce Rembrandt est un portrait présumé de pasteur. C'est l'effigie d'un vieillard maigre à barbe clairsemée, coiffé d'une calotte noire, vêtu d'un manteau qu'orne une sorte d'étroite étole de fourrure; sa main droite qu'il laisse tomber dans l'ombre tient négligemment un lorgnon; sa main gauche est posée sur un grand livre ouvert. Mais ce tableau, d'abord, c'est surtout du noir (le manteau de l'homme) qui sort, à peine, de l'ombre, et qui règne calmement, comme une montagne. Dans un ensemble qui s'impose immédiatement comme absolument cohérent, à la fois tout à fait centré, concentré, et sans limites, dense et infini, stable et ouvert, le vieillard, en partie à cause de ce manteau qu'enrichit l'étole de fourrure, de son attitude, mais davantage pour d'autres raisons plus intérieures, que l'on ne discute pas, a quelque chose de superbe, de souverainement calme et sûr (le poing posé sur le livre lumineux). Cette majesté de montagne, de monument (sans couleurs, sans ornements, sans aucune opulence) est l'une des puissances du tableau; une autre est cette sombre concentration sans limites qui frappe d'abord; la troisième (mais faut-il redire qu'elles ne sont pas dissociables?) est naturellement la lumière, presque blême (d'or blême, comme d'un soleil meurtri ou fourbu), lumière qui n'éclaire ni le grand livre ni le visage (dans le calice évasé du col), mais qui en émane, comme si l'un et l'autre étaient des lampes.

Ici, il n'y a donc plus d'arbres, ni les eaux, ni l'air; plus même d'étendue. Seulement une grande ombre dans une ombre infinie, et la lumière d'un vieux visage fatigué par le temps, d'un grand vieux livre racorni. L'homme regarde en face et il n'est pas ébranlé; peut-être même retient-il un sourire. Il est peu de majestés peintes dont l'apparat ne semblerait, à côté de lui, bouffonnerie. Peut-il y avoir une lumière née du soleil et de l'usure? On dirait qu'il n'en doute pas; c'est pourquoi il est tranquille, telle une montagne que rien ne peut desceller.

Il me semble avoir regardé ces deux peintures ainsi qu'on regarde le matin et le soir; et les heures du jour ne nous paraissent pas toujours également véridiques. Il arrive même, avec le temps, que toute clarté nous devienne odieux mensonge. Comme le matin angélique s'est éloigné! Psyché voilée ne salue plus le battement d'ailes de l'espace. Tout est englué au sol; les eaux se troublent; l'écorce du cœur se déchire. Alors on n'a plus envie d'invoquer les nymphes, mais de les détruire comme les chasseurs le gibier, ou de se détruire en elles, dans ce qu'elles ont de plus sombre, de s'abîmer dans leurs couleurs d'enfer, si l'envol est impossible.

Ou bien on croise de tels visages; on entre dans un monde où la lumière est moins une aile qu'un baume. On cherche celle, s'il en est une, qui se mélange au sang et, quand même, éclaire. Parfois, on pense qu'il n'en est pas une seule qui ne nous leurre à sa façon; parfois nous les regardons toutes comme les éléments inégalement purs du grand jour.

*« Si les fleurs
n'étaient que belles... »*

Si les fleurs n'étaient que belles sous nos yeux, elles séduiraient encore; mais quelquefois leur parfum entraîne, comme une heureuse condition de l'existence, comme un appel subit, un retour à la vie plus intime. Soit que j'aie cherché ces émanations invisibles, soit surtout qu'elles s'offrent, qu'elles surprennent, je les reçois comme une expression forte, mais précaire, d'une pensée dont le monde matériel renferme et voile le secret. (Senancour, *Oberman*, fragment sans date tiré du supplément de 1833.)

C'est une chose étrange, d'abord un peu humiliante, puis merveilleuse et rassurante, de trouver, chez un écrivain antérieur, l'énoncé rigoureux d'une expérience que l'on a faite soi-même et aussitôt jugée essentielle. L'extraordinaire ici pour moi est que tout y soit, jusque dans les détails : la beauté qui ne saurait être « que beauté [1] », son effet d'intériorisation, sa traduction d'une pensée qui serait cachée dans les apparences, et même les conditions de cette sorte d'appel, plus pur ou plus fort, ou moins douteux, s'il n'a pas été attendu...

Comme Sénancour, mais aussi comme beaucoup d'autres écrivains qui n'ont pas traduit cette expérience dans des termes aussi proches des miens, j'ai éprouvé très tôt que les fleurs, et pas seulement les fleurs, bien sûr, ne pouvaient pas être « rien que belles », c'est-à-dire que leur beauté, que la beauté ne pouvait pas être un simple *ornement* (encore moins un masque). Mon émotion, mon bonheur, l'éveil de mon attention, mon « retour à une vie plus intime », en particulier à certains moments et dans cer-

---

[1]. Proust a dit la même chose à propos de Ruskin dans *Pastiches et Mélanges* : « Or, pour des raisons dont la recherche toute métaphysique dépasserait une simple étude d'art, la Beauté ne peut pas être aimée d'une manière féconde si on l'aime seulement pour les plaisirs qu'elle donne. Et, de même que la recherche du bonheur pour lui-même n'atteint que l'ennui, et qu'il faut pour le trouver chercher autre chose que lui, de même le plaisir esthétique nous est donné par surcroît si nous aimons la Beauté pour elle-même, comme quelque chose de réel existant en dehors de nous et infiniment plus important que la joie qu'elle nous donne. Et, très loin d'avoir été un dilettante ou un esthète, Ruskin fut précisément le contraire, un de ces hommes à la Carlyle, averti par leur génie de la vanité du plaisir et, en même temps, de la présence auprès d'eux d'une réalité éternelle, intuitivement perçue par l'inspiration. »

tains lieux, il était impossible, il eût été incompréhensible, la profondeur de ces réactions m'en assurait, qu'elles ne fussent pas liées à une « pensée dont le monde matériel renferme et voile le secret ». Ces lieux, ces moments, quelquefois j'ai tenté de les laisser rayonner dans leur puissance immédiate, plus souvent j'ai cru devoir m'enfoncer en eux pour les comprendre; et il me semblait descendre en même temps en moi. Peut-être en viendrai-je à reconnaître que c'est là le seul langage, avec celui des poètes qui le parlent, auquel spontanément j'aie ajouté foi.

Au moment où le soir approche dans le jardin d'été
   laissant apparaître la lune
   je cueille une grappe de raisin sombre :
   elle rafraîchit mes doigts

Voilà ce qu'il arrive qu'un poème essaie de saisir, en peu de mots. Non pas une histoire, ni un drame, ni une réflexion que le temps, un temps plus ou moins long, mesure; mais la coïncidence, ou du moins la convergence, à demi confuse, de plusieurs sensations qu'une analyse stériliserait. En ce suspens entre le jour et la nuit, en ce moment de l'année où la nuit tarde à venir, c'est-à-dire comme dans un intermède, un sursis presque immérité (qui est aussi une prolongation de la chaleur, de la douceur du jour, précieuse comme toute prolongation du plaisir — ces jeux d'enfants, alors, qui ne veulent plus jamais finir, ces voix qui flottent encore longtemps sous les arbres assombris), dans ce suspens, tandis que l'œil, distraitement, a saisi la venue, non pas la présence, mais l'apparition de cette lumière qui est à la fois silence, douceur, limpidité, fraîcheur (brusquement, sans nul bruit, c'est là, lanterne suspendue au sein d'une poussière rose, antique compagnie, pas encore tout à fait distincte de la vapeur crépusculaire qui semble la porter, l'élever), la main éprouve sur la rondeur du grain comme l'approche même de la fraîcheur nocturne, quelque chose qui ressemble à la brume au-dessus du sol, et en même temps, comme la nuit est imminente, la saveur pointe déjà derrière l'apparence; enfin, ne semble-t-il pas aux doigts qu'ils tiennent en ce globe frais l'astre même que l'œil se souvient d'avoir aperçu?

(On sent alors, également, qu'il vaudrait mieux, si possible, ne rien dire de plus. Il est nécessaire que se maintienne une confusion, une cohérence, une complétude. De là que le commentaire égare souvent, que le vocabulaire critique peut paraître par endroits *totalement étranger* à l'expérience originelle.

Mais peut-on laisser suspendus ainsi à de longs intervalles ces globes purs, sans rien qui les relie? On éprouve parfois le besoin de les intégrer dans une continuité — la prose — qui, peut-être, les ruine.)

Je pense au mot *cosmos*. Il a signifié d'abord, pour les Grecs, ordre, convenance; puis monde; et la parure des femmes. La source de la poésie, ce sont ces moments où, dans un éclair, quelquefois aussi par une lente imprégnation, ces trois sens coïncident, où, non moins certaine que l'ignoble (hélas plus visible et plus virulent), surgit une beauté qui est la convenance d'un monde, singulier appât où le poète ne cesse de revenir, aussi longtemps qu'il est poète, à travers les pires doutes.

Plus particulièrement : qu'est-ce qu'un *lieu?*

Qu'est-ce qui fait qu'en un lieu comme celui dont j'ai parlé au début de ce livre, on ait dressé un temple, transformé en chapelle plus tard : sinon la présence d'une source et le sentiment obscur d'y avoir trouvé un « centre »? Delphes était dit « l'ombilic du monde » en ce sens, et dans les années de son égarement visionnaire, Hölderlin s'est souvenu de ces mots pour les appliquer à Francfort où il avait aimé Diotima. Une *figure* se crée dans ces lieux, expression d'une ordonnance. On cesse, enfin, d'être désorienté. Sans pouvoir l'expliquer entièrement ou le prouver, on éprouve une impression semblable à celle que donnent les grandes architectures; il y a de nouveau communication, équilibre entre la gauche et la droite, la périphérie et le centre, le haut et le bas. Murmurante plutôt qu'éclatante, une harmonie se laisse percevoir. Alors, on n'a plus envie de quitter cet endroit, de faire le moindre mouvement; on est contraint, ou plutôt porté au recueillement. Cet enclos de murs effrités où poussent des chênes, que traverse quelquefois un lapin sauvage ou une perdrix, ne serait-ce pas notre église? Nous y entrons plus volontiers que dans les autres, où l'air manque et où, loin de nous enflammer, l'on nous sermonne.

Il nous arrive souvent aussi de penser que, dans un monde ordonné tout entier comme ces lieux, non seulement nous aurions accepté, l'eût-il fallu, de nous risquer, de succomber, mais que ce sacrifice, dans ce monde-là, ne nous eût pas paru tel. Derrière les grands moments des civilisations, cet ordre général transparaît. Or la vie, la création deviennent d'autant plus difficiles que cet ordre s'affaiblit davantage. Quand le centre s'éparpille, se dérobe ou s'efface, une tension se produit chez les meilleurs, et les plus grandes œuvres, jetées dans le tumulte, ou le vide, prennent quelque chose de grimaçant, d'atroce ou simplement d'excessif. Les monstres surgissent aux confins, jamais au centre. D'abord se manifestent la nostalgie, la mélancolie, le rêve; puis viennent le désespoir, le délire, la révolte; à la fin, ne serait-ce pas l'indifférence et le mutisme? On peut le supposer, le craindre.

Cette pensée des lieux n'est pas une simple rêverie de poète rustique, de déserteur; de plus en plus nombreux sont ceux qui les cherchent sans même s'en rendre compte (et qui d'ailleurs, les ayant trouvés, ou y ayant été conduits, trop souvent les profanent), harcelés qu'ils sont par une existence absurde; là seulement, ils se reprennent à respirer, à croire encore possible une vie plus humaine, et qui vaille la peine, toutes les peines que donne la vie. Ils y viennent d'instinct, comme les bêtes à l'abreuvoir. Quant à nous, notre chance aura été de vivre, sinon dans l'harmonie inconcevable aujourd'hui, du moins à proximité de ces foyers épars, nourris non par une lumière égale, constante, universelle, mais par ses reflets intermittents, ou les reflets de ses reflets. Par des fragments, des débris d'harmonie.

(Innocence et culture : on ne devrait pas les opposer comme incompatibles. La vraie culture garde toujours un reflet de l'innocence native, et il arrive que ces reflets puissent passer même à travers des systèmes d'éducation médiocres ou douteux. Ce qu'il faut condamner, c'est un savoir qui stérilise son objet : ce qui pourrait tenir plus aux hommes qu'aux systèmes. En réalité, au contraire de ce que beaucoup proclament aujourd'hui, les œuvres du passé, qui constituent la culture, n'ont encore d'existence que dans la mesure où, loin d'être ombre, elles éclairent, loin de peser, elles donnent des ailes. Que leur nombre et leur perfection paralysent le créateur est autre chose. Les œuvres ne nous éloignent pas de la vie, elles nous y ramènent, nous aident à vivre mieux, en rendant au regard son plus haut objet. Tout livre digne de ce nom s'ouvre comme une porte, ou une fenêtre.)

Je me souviens aussi de Saint-Blaise (un site grec au nord des Martigues) où, plus nettement encore qu'ailleurs, j'ai pris conscience de la façon dont de tels lieux me parlent. La lecture de la notice archéologique, la contemplation des images qui l'illustrent n'ont de sens pour moi que dans la mesure, assez faible, où elles réveillent le souvenir de deux promenades faites là-bas, lors d'un été récent. Les précisions données sur les fouilles m'intéressent médiocrement; et quand je me trouvais là-haut, parmi ces ruines dont les éléments les plus remarquables sont d'assez vastes pans de rempart de facture « siciliote » (rappelant les citadelles grecques de Sicile), ce n'était pas la pensée qu'il y avait eu sur cette colline, voilà vingt-quatre ou vingt-cinq siècles, de la vie, des marchés, des sacrifices, des entretiens, des querelles, des rires, qui me venait et me touchait. Je n'avais donc pas non plus grand désir d'en savoir davantage sur l'histoire de ce site qui s'était appelé tour à tour Mastramèlè, Ugium, Castelveyre. L'essentiel était bien différent.

Il y avait eu tout d'abord, comme c'est souvent le cas dans le Midi, qu'en s'éloignant des Martigues, puis de la grande route d'Istres, on avait été transporté dans ces paysages intacts qui, en ayant l'air d'échapper au temps, vous donnent un sentiment de bonheur, et modifient plus ou moins perceptiblement votre état, en vous rendant plus perméable. Saint-Blaise est un plateau surélevé entre deux étangs marins. Le premier que l'on découvre en arrivant, et le plus petit, est nommé Citis. La présence de deux maisons en ruine émergeant de ses eaux, non loin du bord, par son étrangeté, avivait l'attention, suscitait la rêverie; d'autre part, sur la rive opposée, délimités avec précision par des files de peupliers, il y avait des prés, très verts, plus qu'on ne s'y fût attendu dans cette région, et dans ces prés des chevaux, des chars, des faneurs; chaque élément de cette scène aussi net que si l'on avait eu sous les yeux une miniature de Livre d'heures représentant la Fenaison. Ces surprises, imperceptiblement, enchantaient le paysage. Les bords de Citis étaient, au surplus, pleins d'oiseaux : des goélands, des échassiers, nombre d'entre eux posés sur des roseaux ou des buissons en partie inondés. Soudain, comme nous montions et que déjà nous découvrions l'autre étang, celui de Lavalduc, plus vaste, irisé comme un coquillage par le soir nuageux entre ses grèves de vase et d'algues que l'assèchement entrepris élargit lentement, une aigrette s'envola de l'un pour gagner l'autre, vers le couchant. La magicienne, c'était elle, peut-être, qui, traversant le soir, en accroissait le silence, mais faisait plus encore, sans que l'on pût dire quoi exactement, à cause de son vol rectiligne, de la blancheur sans aucune tache de son plumage... Puis, redescendant vers la ville grecque où la perfection de figures géométriques des plus simples avait été imposée, et s'était maintenue, dans la pierre sauvage, nous avions suivi, à mi-pente, un chemin d'argile séchée et de roseaux le long d'un petit canal à l'eau glauque. Au-dessus de nous, de grands pins, d'immenses rochers couverts de lierre. Pour tout bruit, hors la rumeur à peine sensible d'une eau lente, le plongeon des grenouilles que nos pas effarouchaient, si prompt qu'on les apercevait à peine et rarement, et quelques cris d'oiseaux. Une fois remontés vers le sommet du plateau, le vent qui soufflait dans les pins nous sembla venir du bout du monde; entre leurs troncs parut une combe avec des blés moissonnés et un champ de terre nue, couleur de terre. C'était tout cela qui m'avait saisi, tout cela ensemble, absurdement. Les choses, le monde. Le corps du monde. Et là, s'apercevoir soudain que ces tables, que ces assises de roc étaient toutes creusées d'étroites alvéoles qui sont des tombes, isolées ou groupées, plus ou moins inclinées selon que la roche a bougé plus ou moins depuis lors, marcher au milieu de chardons aux vieilles dorures, dans le bruit des cigales, aveuglé par le miroitement des étangs, et parmi toutes ces auges remplies d'aiguilles de pin, dont certaines très petites, pour des enfants, d'autres munies d'un coussinet de pierre pour soutenir le crâne... Sous ce vent doux, lointain, continu...

Ce qui distingue la poésie de l'histoire, d'une certaine histoire, et de toute science, est là. Dans mon saisissement, le vol de l'aigrette avait au moins autant de part que le bruit du vent et ces remparts d'un dessin si pur ou ces tombes plus barbares. C'était leur rencontre qui suscitait une phrase encore vivante, et absolument pas une reconstitution du passé, ni même une méditation. Je n'ai pas médité à Saint-Blaise sur le destin des empires, comme l'eût fait encore Hypérion (le héros de Hölderlin, mais comme celui-ci ne l'a plus fait ensuite). J'ai accueilli à la fois tous ces signes, et c'est seulement si j'avais su les choisir et les ordonner qu'ils auraient pu parler aussi à d'autres, en étant lus par eux.

Les nymphes, les dieux... Souvent, trop souvent peut-être, leurs noms se sont écrits dans ces pages. J'ai dit que c'était une façon de parler, des noms pour l'Insaisissable, pour l'Illimité, les figures qui paraissent sur le seuil quand certaines portes s'ouvrent. Il n'y a pas que cela. C'est vrai que nous vivons ici sous le même ciel, à peu près, que Sapho, que Virgile, et que nos campagnes ne sont pas tellement différentes des leurs, et puis, que certaines choses, hors de nous, sont demeurées identiques. Que les corps sont les mêmes corps, les cadavres les mêmes cadavres. Il est vrai aussi que je reste d'abord attiré par cette aire où les Grecs ont rayonné, ou par l'Asie (jamais par le Nord, ni par l'Afrique, ni par l'Amérique). Je n'ai pas vu la Grèce pourtant; mais j'ai aimé de véritable amour l'Italie, sans jamais m'y comporter en archéologue, en historien d'art, pas même en connaisseur; la recevant toujours comme un don et tout entière, je veux dire ses villes, ses passants, son vacarme, ses paysages, et, mélangés à cela, ses monuments, et tout ce que la mémoire y ajoute. Rien ne m'attestait mieux une continuité que ses ruines (ainsi, de manière exemplaire, à San Clemente, à Rome, où l'on descend du baroque au classique, et à travers le christianisme, à rebours, vers les dieux grecs et jusqu'à cet autel de Mithra, dans les profondeurs, derrière lequel grondent je ne sais quelles eaux souterraines, peut-être des égouts...). Tout cela ne formait qu'un monde, dont la leçon m'était vie, jubilation, présent. Plus d'une fois j'ai pensé dire ce que je devais à ces trop rares voyages là-bas; le temps m'en a manqué, et peu à peu les souvenirs deviennent trop vagues, ou trop incomplets. Je retrouve cependant encore en moi le silence qui m'a saisi à Cerveteri, où chaque tombe est une chambre creusée dans le tuf, imitation de la vie, mensonge poignant (et je crois que ce qui m'avait frappé alors, encore que ce soit bien lointain pour l'assurer, là plus qu'à Tarquinia où les tombes sont très éparses, c'était à la fois le groupement des tumulus pareils à de petites collines herbues, dans la tranquillité extrême du site, et surtout, si j'en consulte maintenant les photographies, la radicale simplification de l'imitation jointe à la qualité sombre et poreuse de la pierre; ces formes de lits, de trônes, de portes, de colonnes, de plafonds, à la fois pures et barbares, monumentales et insolemment gauches, manifestant une opposition élémentaire à des puissances élémentaires, comme les vieux outils ont l'air de dire un monde plus proche, plus pesant, et des gestes plus lents, plus sûrs, plus têtus que les nôtres). Et un silence semblable, peut-être même encore plus proche de la stupeur, m'avait envahi aussi à Cumes où, là encore, tout converge et concorde : les vignes sans âge, l'opulence confuse d'une campagne où l'on se perdrait avec bonheur, l'allée d'oléandres où le cœur monte un escalier aux degrés roses, comme pour une initiation; puis cette roche poreuse, pleine de bouches aujourd'hui muettes, où l'on s'enfonce, ce tracé, de la figure la plus simple, la plus nette, à l'intérieur du chaos, que l'on suit en recevant tous les vingt pas environ, par une ouverture à main droite, la lumière marine comme le refrain jubilant d'un hymne, jusqu'à la chambre intérieure, d'un dessin non moins pur, où devait être captée la voix des profondeurs, comme ailleurs l'eau est captée par les techniciens, non sans que la bouche de la femme écumât; et là de nouveau, on se sentait descendu de toutes les façons dans la profondeur, dans celle de la terre, dans celle du temps, dans la sienne propre, là encore plus près du centre, dont les émanations obscures et sauvages étaient reçues dans une sorte de réservoir d'une parfaite et simple ordonnance. (A croire que la forme du temple est d'autant plus nue, plus rigoureuse, plus souverainement dépouillée que le dieu qu'il enferme et retient est plus infini, plus proche, plus violent; et que l'église s'orne plus à mesure que le dieu s'éloigne ou s'affaiblit...) Enfin, toujours dans cette Campanie traversée en pleines vendanges, rutilante, non loin de cette Naples où la lumière taille les rues à coups de hache, où tout (l'amour, la misère) est visible comme à l'étal, où le cri en pleine nuit sur une avenue balayée de voitures projetées hors de l'obscurité comme des balles de fusil, d'une femme invisible — poignardée, violée ou victime d'une crise innommable — n'aurait pas fait se retourner un passant, la ville criarde, sournoise, à la féroce beauté, juste le contraire du rêve suave qui est lié traditionnellement à son nom, mais incluant aussi cette suavité dans ces chansons capables de faire vibrer en plein jour la foule qui s'entasse dans tel petit théâtre étouffant, sous la glauque et louche *galleria* — non loin de là, dans la ville exhumée aux beaux jardins, les grandes peintures des « Mystères » : avant même que l'on ait cherché le moins du monde à les comprendre dans leur succession et leurs détails, on est saisi par leur majesté, leur gravité, la pureté du chant qu'elles tirent des corps, voilés ou nus, des visages pensifs, silencieux, surpris dans une attente. Le hasard a fait que le couple d'Ariane et de Dionysos qui devait éclairer l'ensemble des scènes, puisqu'il s'agit d'une initiation à l'amour, soit la seule partie endommagée des peintures, et que l'on ne voie pas leurs visages. Mais c'est aux figures humaines, féminines, que le regard s'attache : à celles qui savent, à celles qui attendent de savoir; à celles qui officient, qui châtient, qui aident; de la punie jaillit la danseuse, toutes deux nues; attente, effroi, douleur, désir, ivresse, toutes ces figures de la vie sont comme accordées pour un hymne de colonnes sur fond rouge; le membre effrayant et désirable est là, bien que voilé, comme une montagne. Mais parce que toutes les émotions, tous les gestes humains, même les impulsions les plus violentes, sont encore sous le regard des dieux, loin de conduire à l'horreur ou au désespoir, loin de détruire le monde, ils y rayonnent, d'une clarté qui semble égale et sereine. Ces peintures accomplissent encore maintenant devant nous une transfiguration mystérieuse, elles fêtent le corps accordé au plaisir et à la douleur, le même corps qui est si brûlant et si pur chez Sapho, et « plus doré que l'or »; elles le fêtent sans grossièreté, sans sournoiserie, sans grimaces; gravement. Et nous ne pouvons pas contempler sans nostalgie, même si elle n'a jamais existé que dans le rêve du peintre ou de quelques-uns de ses contemporains, cette beauté qui est équilibre entre le sol et le ciel, la nuit et le jour, ce moment où une femme, suspendue entre deux absences, entre deux domaines d'ombre, est éclairée par l'Illimité.

Le moment bref, insaisissable, imaginaire peut-être? où sanglier et tourterelle sont alliés.

*« Si simples sont les images,
si saintes... »*

Sur les dieux grecs, nul moderne qui puisse être questionné plus utilement que Hölderlin. Ces présences par lesquelles il m'est arrivé d'être touché dans des lieux où les Anciens auraient dressé des autels (et si je l'avais fait, moi, ce n'aurait pu être qu'au dieu inconnu) ont eu pour lui une telle réalité qu'il est le seul des poètes de son temps à avoir pu les nommer et les invoquer sans paraître mentir. Pour les autres, elles étaient des idées, des symboles, des ornements; pour lui, à cause de l'intensité et de la pureté de sa nostalgie, ces dieux rayonnaient, respiraient vraiment.

Le monde l'a entouré, enfant, adolescent, comme il nous entoure tous : c'étaient des bourgades autour de l'église, traversées par une rivière tranquille, des chemins où les gravures du temps ne montrent que des promeneurs ou des chars, des vallées fertiles, des forêts, des montagnes lointaines. Hölderlin ne le regardait guère, troublé comme il était par les premiers élans, les premières angoisses de son cœur, trop plein de ses premières pensées, toutes orientées vers le Plus Haut, le Meilleur, qu'il appelait alors indistinctement Dieu, l'Harmonie, la Liberté, l'Immortalité, le Génie... Mais une strophe d'un poème écrit à quinze ans, relatant un souvenir d'enfance, et un récit de voyage de 1788 (le poète avait dix-huit ans), révèlent que, parfois, cette inattention au monde extérieur était rompue; il y fallait la violence d'une sorte d'apparition. Dans ces deux cas particulièrement frappants dont je parle, c'est l'apparition d'un fleuve; et dans les deux cas, elle produit chez Hölderlin un saisissement accompagné d'exaltation au sens propre. Nulle explication à cela, sinon que ce Meilleur, ce Plus Haut qu'il poursuit alors de préférence dans les idées, lui est apparu, alors qu'il ne s'y attendait nullement, *dans le monde* ou à travers le monde (ici, dans ou à travers le fleuve). Et que de telles rencontres inoubliables n'aient pas été réservées à une ardeur juvénile, toute l'œuvre l'atteste, mais explicitement tel passage d'une lettre du printemps 1801, donc postérieure à l'épreuve de la séparation : « La vue de ces montagnes étincelantes, éternelles, t'impressionnerait autant que moi, et si un Dieu de puissance possède un trône sur terre, c'est sur ces splendides cimes. Je ne puis que rester en arrêt comme un enfant et m'étonner et me réjouir en silence, debout sur la plus proche colline, voyant du haut de l'Éther les montagnes descendre par degrés jusque dans cette aimable vallée [1]... » Ainsi, dans certaines figures du monde visible, c'était l'Inconnu, l'Invisible, l'Infini qui venait à sa rencontre : il n'y a pas d'autres mots pour exprimer cela. Hölderlin rejoignait par là l'expérience religieuse des Anciens et, nourri de quelques dialogues de Platon, de scènes de *L'Iliade* ou des *Tragiques*, d'odes de Pindare, la puissance de son amour pour les Grecs était si grande que c'était nécessairement en leurs dieux que s'incarnaient ces apparitions. Mais le saisissement, la stupeur restaient toujours la réaction première, sans laquelle il n'y aurait eu qu'une comédie intellectuelle, et un rapide déclin de sa poésie. Tout, chez lui, naît toujours d'une rencontre, ou d'un heurt avec l'Illimité, qu'il appelle volontiers aussi le Sacré, d'une rencontre qui n'a pas moins de réalité, malgré son caractère essentiellement énigmatique, que la rencontre d'un être ou d'un arbre. Ce Sacré, ces

1. (Toutes les références renvoient à Hölderlin, *Œuvres*, Paris, 1967, [Bibliothèque de la Pléiade].) P. 992.

dieux, il arrive à Hölderlin de les sentir tout proches, mais c'est entre de longues périodes vides, ternes ou sombres; alors se forme en lui l'idée que la Grèce, c'était le temps où cette proximité des dieux était constante; et non comme une menace, mais comme la lumière égale du jour, comme une fête; comme la fête de l'accord entre les hommes et les dieux, la suprême harmonie, ce qu'il appelle aussi quelque part le « chœur », par opposition au chant du solitaire auquel il se voit réduit.

Car comparer cette lumière (dont il est vrai que les œuvres grecques gardent un reflet) avec la médiocre obscurité de son milieu et de son temps ne pouvait être d'abord qu'atterrant. Et Hölderlin eût fort bien pu s'abîmer dans la nostalgie; d'autant plus que rien, dans les circonstances de sa vie, ne l'aidait : réduit à exercer l'emploi humiliant de précepteur s'il ne voulait pas accepter, comme sa mère le souhaitait si vivement et comme ses études l'y amenaient naturellement, le saint ministère, soucieux, tout au long de sa vie lucide, des soucis qu'il était conscient d'imposer ainsi à cette mère, il se voyait de plus en plus solitaire à mesure que les années passaient : séparé de la seule femme qu'il eût aimée, Suzette Gontard, après deux ans d'une passion dont l'idéalisation dans *Hypérion* ne doit pas faire oublier qu'elle avait été clandestine, privé des rares appuis qui lui avaient été accordés au début de sa vie d'écrivain. Mais il devait y avoir en cet homme hypersensible on ne sait quelle énergie prodigieuse, quelle certitude, quelle foi inébranlable. Déjà, loin de sombrer dans une adoration sans espoir pour les Grecs, il avait entrevu que la considération même de leurs œuvres devait conduire le poète d'aujourd'hui à comprendre que sa voie à lui était autre, parce que son point de départ et sa fin l'étaient également. Il savait que l'esprit qui s'aventure à l'étranger (et le sien n'avait cessé de voler vers la Grèce) doit ensuite retrouver sa patrie, même si, paradoxalement, c'est elle qui est la plus difficile d'accès. Et dans ce mouvement de retour qui s'accomplit dans tant de poèmes, Hölderlin devait nécessairement retrouver aussi le Christ.

A vrai dire, si l'on en jugeait superficiellement par ses lettres et ses œuvres d'avant le départ pour Hombourg, on serait tenté de penser qu'il avait bien oublié, sinon même repoussé, consciemment ou non, le Dieu que sa fonction eût été de prêcher, pour laisser toute la place aux dieux plus heureux de la Grèce. Car il n'en parle guère, partagé qu'il est entre deux découvertes : celle de « ses »

Grecs et celle de Kant (et ensuite, tout entier à Diotima, qui est la Grèce incarnée); et si sa mère, inquiète de ses réticences à l'égard du métier de pasteur, l'interroge là-dessus, il se dérobe, comme si sa foi était ébranlée, ou du moins ne pouvait plus s'accommoder de l'orthodoxie. Pourtant, quand, dès la fin d'*Hypérion*, il songe à un autre héros en qui manifester son propre débat secret et qu'il choisit Empédocle, on voit bien que si le héros et le cadre sont grecs, l'image du Christ à plus d'un endroit transparaît, et particulièrement la pensée du sacrifice de la vie dont le but est la régénération d'un peuple, ou de toute l'espèce humaine. On voit aussi, dès cette époque, que sa méditation sur le juste rapport à déterminer entre les conditions de la Grèce et celles de l'Occident moderne qu'il appelle l'Hespérie, en l'amenant à constater que le destin de l'Occident est un destin « plus spirituel », plus intérieur en quelque sorte que celui des Grecs, ne peut pas ne pas l'amener à retrouver le Christ. En fait, quand on lit les ébauches de l'hymne *Fête de Paix* (qui datent du début de 1801) ou l'hymne inachevé, un peu plus tardif, intitulé *L'Unique* :

Qu'est-ce donc, aux
Antiques rives heureuses

*Qui m'enchaîne ainsi, pour que je leur porte
Plus grand amour encor qu'à ma patrie?*

...

*Et cependant,
O dieux antiques! et vous tous, ô
De ces dieux les fils très braves,
Il en est un encore que je cherche (celui
D'entre vous tous que j'aime* [1]...

on ne peut douter que la figure du Christ, d'une autre manière que celles des dieux grecs, avait dû lui rester très proche; liée non pas, celle-là, à une rencontre faite dans le monde, mais probablement à des souvenirs d'enfance, et surtout à la lecture de la Bible, une lecture si fervente que certaines de ses scènes, non moins que d'autres tirées de la fable grecque, prennent à ses yeux (et aux nôtres qui les lisons) la même intensité de réalité que les apparences naturelles, un orage, une tache de soleil sur le sol, une rumeur d'abeilles ou la pluie qui pend, « pareille au lierre ».

Mais de la lecture de ces hymnes où le Christ est appelé avec une telle tendresse : *L'Unique, Fête de Paix, Patmos*, ou de l'élégie *Le Pain et le Vin* qui leur est un peu antérieure, il ressort non moins clairement

1. P. 863.

que ces appels, même imprégnés de réminiscences évangéliques, ne sont pas conformes à l'orthodoxie; que le Christ est compris, aimé, comme le dernier des dieux grecs, le plus précieux sans doute, mais enfin celui qui, frère de Dionysos et d'Héraclès, parachève par sa mort l'éloignement du Divin et inaugure la nuit de l'absence des dieux pendant laquelle le poète ne peut que veiller sur leurs traces (puis, si c'est bien ce que Hölderlin a voulu dire plus tard, oublier même ces traces, pour une plus vraie fidélité).

Plutôt que le Christ crucifié, douloureux, offert en holocauste pour effacer le péché d'Adam, le Christ de Hölderlin est celui dont la Parole a été interrompue par « un destin meurtrier », non pas en vain, mais pour *épargner les humains* qui, c'est une des certitudes souvent répétées de Hölderlin, ne sauraient supporter longtemps la proximité divine. Et il est sûr que ce qu'expriment (dans leur forme brisée) les derniers poèmes d'avant la folie proprement dite, n'est en tout cas pas un abandon des dieux grecs au profit du Christ, comme l'exigerait une adhésion sans réserve à la Révélation.

Il me semble quant à moi difficile de tirer un sens sûr même des poèmes les plus retouchés et les plus hagards de cette période; mais ce qu'ils manifestent est étrange et saisissant. On croirait que tout alors se rapproche du poète (tout, c'est-à-dire à la fois les dieux et les choses, mais aussi bien les pensées, qui se font plus pressantes — l'impression que cela donne serait assez bien traduite par la venue d'un lointain ou d'un personnage d'abord indistinct en gros plan, au cinéma). Lointaines, pour ne pas dire absentes dans les poèmes juvéniles, encore voilées par la mélancolie dans *Hypérion*, les choses, les apparences, vers 1800, s'étaient tenues comme à une juste distance, permettant l'équilibre souverain de quelques grands poèmes. Maintenant, en particulier dans les fragments (et c'est dans ces fragments que Hölderlin est le plus près de nous), elles prennent l'intensité d'une vision. *Patmos* commence par ces deux vers :

> *Tout proche*
> *Et difficile à saisir, le dieu* [1] *!*

Il en va de même, alors, du chêne, du cerisier, de la grappe, des abeilles. Cependant, à la beauté idéale tend à succéder une présence plus âpre : les « chaînes » de Ganymède deviennent ses « scories », le « jardin

1. P. 867.

plein de fleurs » de *Patmos* devient, dans une des dernières versions, le « jardin presque somnolent d'épices », les astres qui toujours avaient été « d'or » deviennent, dans la troisième version de *Grèce*, « plus jaunes »; et cet assaut des choses contre la sensibilité éclate enfin dans le fragment *De l'abîme en effet*, postérieur au voyage de Bordeaux :

*...de la ville
Où jusqu'à en souffrir aux narines monte
Une odeur de citron et l'huile, de la Pro-
[vence* [1]...

notations concrètes qui ne nous étonnent pas dans notre poésie, mais qui stupéfient aux premières années du XIXe siècle. D'autre part, la pensée se crispe; une violence qui travaille dans les profondeurs de l'âme éclate par endroits : « l'ombre » du Christ qui accompagnait les disciples après sa mort, dans *Patmos*, est comparée, dans une version postérieure, à une « peste »; et comme si ce n'était pas assez fort, une retouche ajoute plus tard encore : « Et endommageant la Face de Dieu réellement comme une peste marchait à leur côté l'ombre du Bien-Aimé. » La « colère » du Seigneur multiplie ses signes dans le ciel, et partout surgissent des choses

1. P. 914.

ou des êtres qui brûlent, qui ravagent; on a le droit de dire ici, sans hyperbole ni métaphore, que Hölderlin marche alors vers le feu, le feu désiré et redouté; et le sachant, il multiplie aussi, afin de n'être pas consumé, les exhortations à la mesure. Enfin, les images jusqu'alors « en belle ordonnance » se heurtent, se précipitent dans une sorte de vertige, souvent mystérieuses *, les lieux et les temps se mêlent, et les cris les plus purs qu'ait jetés un poète (hors Rimbaud) redisant les anciennes certitudes, les anciens espoirs, sous une forme plus abrupte, éclatent là au milieu :

> *O mon cœur devient*
> *Infaillible cristal auquel*
> *La lumière s'éprouve* [1]...

* L'une des plus admirables, entre beaucoup, se trouve dans une ébauche d'un hymne à Colomb :

> *car*
> *pour peu de chose*
> *était désaccordée, comme par la neige,*
> *la cloche dont*
> *on sonne*
> *pour le repas du soir* [2].

Il est difficile de saisir le rapport de ces vers à l'hymne lui-même; mais en suspens ici comme elle l'est, l'image fait penser à un haï-ku; et quelques-uns me comprendront si je dis trouver dans ce peu de mots *l'ouverture infinie* qui me fait vivre.
1. P. 914.
2. P. 1226.

Et transparaît jusqu'aux dernières ébauches avant l'internement le rêve de l'harmonie totale :

Alors s'élève le chant nuptial du ciel.
Repos plénier. Pourpre dorée. Et voici réson-
[*ner la côte*
Du sableux globe terrestre dans l'ouvrage de
D'explicite architecture, vert de nuit [*Dieu*
Et d'esprit, l'ordonnance de ses colonnes, liai-
[*son*
Vraiment totale, et centre en même temps [1]...

ainsi que le double mouvement de départ et de retour.

Vient ensuite, à la charnière entre ces dernières ébauches et les œuvres très distinctes de la folie proprement dite, l'admirable poème sauvé par Waiblinger, *En bleu adorable*, où Hölderlin, qui s'y assimile à Œdipe, « pauvre étranger en Grèce », écrit :

Si simples sont les images, si saintes,
Que parfois on a peur, en vérité,
Elles, ici, de les décrire [2]...

Cette pudeur devant le monde, ramené maintenant à ses aspects les plus familiers,

1. P. 915.
2. P. 940.

les plus communs, sans qu'il cesse pour autant d'apparaître « saint », c'est elle qui règne dans les derniers poèmes de Hölderlin, à partir de l'été 1807 où il est accueilli par le menuisier Zimmer, chez qui il vivra encore trente-six ans, toute la seconde moitié de sa vie. (C'est à une étude de Bernard Böschenstein [dans *Studien zur Dichtung des Absoluten*] que je dois d'avoir saisi le rapport juste entre les dernières périodes de l'œuvre.)

Ces années, on dirait qu'il les avait prévues déjà en juillet 1799, quand il écrivait à sa sœur : « Chacun trouve pourtant sa joie et qui donc la dédaignerait entièrement? La mienne, c'est maintenant le beau temps, le gai soleil, la verdure, et je ne puis me reprocher cette joie, quel que soit le nom qu'on lui donne. D'ailleurs, je n'en ai pas d'autre sous la main, et même si j'en avais une, je n'abandonnerais et n'oublierais jamais celle-ci, car elle ne fait de tort à personne, ne vieillit jamais et l'esprit y trouve tant de signification; et quand je serai un enfant aux cheveux gris, je voudrais que le printemps, l'aurore et le crépuscule me rajeunissent chaque jour un peu davantage, jusqu'à ce que je sente venir la fin et que j'aille m'asseoir dehors pour m'en aller vers la jeunesse éternelle [1]. »

1. P. 734.

Il y a dans les souvenirs de Waiblinger sur ces années un passage où il dit que le poète évitait tout ce qui lui rappelait les angoisses qui l'avaient égaré : « Est-il fâché et irrité, comme le jour où il s'était mis en tête de se rendre à Francfort, il cherche, par amertume, à réduire sa chambre (à laquelle il a réduit le vaste monde) à un espace plus limité encore, comme s'il devait ensuite se sentir plus sûr, plus invulnérable, mieux en mesure d'endurer sa souffrance. Alors il se met au lit [1]... » Ce recroquevillement douloureux nous rend presque tangible *l'assaut* qu'il avait subi et la charge sous laquelle il avait succombé. Généralement, toutefois, il était plus calme; et il le devint de plus en plus avec le temps. C'est justement que le monde, après avoir été proche « jusqu'à en souffrir », refluait. Hölderlin le voyait maintenant de sa fenêtre au-dessus du Neckar, toujours le même dans le cycle des saisons, et sa fenêtre était comme un cadre qui empêchait la dispersion du visible, en même temps que la vitre en arrêtait l'invasion; dans ce cadre, il n'y avait plus place que pour des *images* (« si simples, si saintes »). En même temps, le vertige qui s'était emparé de ses visions dans ses derniers hymnes,

1. P. 1109.

en particulier quand sa pensée touchait à des points plus mystérieux, plus brûlants, plus douloureux, cessait tout à fait; et la forme même du poème, avec ses quatrains de vers réguliers et rimés, imitait celle d'une fenêtre; il n'y résonnait plus que l'accord monotone de la terre et du ciel. Plus de héros, plus de dieux, plus de Christ; plus rien que ce qu'avait pressenti la lettre de 1799 : « le printemps, l'aurore et le crépuscule ».

Cette longue captivité dans la tour, au bord de l'eau, d'étranges vers l'avaient aussi prédite :

> *Quelqu'un veut-il habiter,*
> *Que ce soit à des escaliers,*
> *Et où une maison se suspend*
> *Au bord de l'eau fais séjour.*
> *Ce que tu as,*
> *C'est à prendre souffle.*
> *Quelqu'un l'a-t-il en effet*
> *Hissé au jour,*
> *Dans le sommeil il le retrouvera.*
> *Car où les yeux sont couverts*
> *Et attachés les pieds,*
> *C'est là que tu trouveras* [1].

---

1. P. 901. (Je n'ai pas suivi ici F. Fédier, traducteur de ce poème dans la Pléiade. Il faut distinguer entre ce qu'on retrouve dans le sommeil, qui ne peut être que le *souffle*, et ce que trouve l'homme aux pieds attachés, qui est un neutre, *cela*, sans doute la chose poursuivie toujours et qui ne peut être dite.)

Plus d'envols maintenant vers l'Asie, vers la Grèce, plus de visions (ces vers sont la deuxième partie d'un poème tardif dont la première, célébrant le vol de l'aigle « vers l'Olympe », s'achève sur cette question : « Où voulons-nous demeurer? »), mais l'immobilité pareille à celle du pauvre ou du prisonnier. Le Plus Haut, le Meilleur, ne serait-ce pas ce qui est aussi le plus proche, et que l'on ne voyait pas?

Mais ce monde peint comme une « enseigne d'auberge » à la fenêtre, dans les poèmes des toutes dernières années, ceux que Hölderlin signe souvent d'un faux nom accompagné de l'une de ces formules d'excessive politesse qu'il affectionnait (et Zimmer a bien vu, dans sa grande sagesse d'artisan, qu'elles étaient encore un moyen de tenir autrui à distance), ce monde s'éloigne encore; malgré leurs titres qui désignent toujours des saisons, dans un mouvement contraire à celui qui s'était produit entre 1803 et 1806, ils se vident peu à peu de détails concrets pour ne plus laisser voir qu'une transparence :

Le bois est clair et nul homme ne passe
Aux chemins qui sont trop écartés. Le silence
La majesté...   *[fait naître*

...

> *...on regarde avec joie*
> *Le ciel au loin qui ne change presque jamais* [1].

C'est au point qu'il nous semble, en lisant ces tout derniers témoignages de l'esprit de Hölderlin, le voir s'éloigner lui-même du monde, perdre corps, se rapprocher, non plus du feu cette fois, mais du vide, n'être plus qu'un fantôme, une absence; qu'il nous semble véritablement voir s'éteindre ici l'esprit d'Icare.

1. P. 1030.

Éclaircies

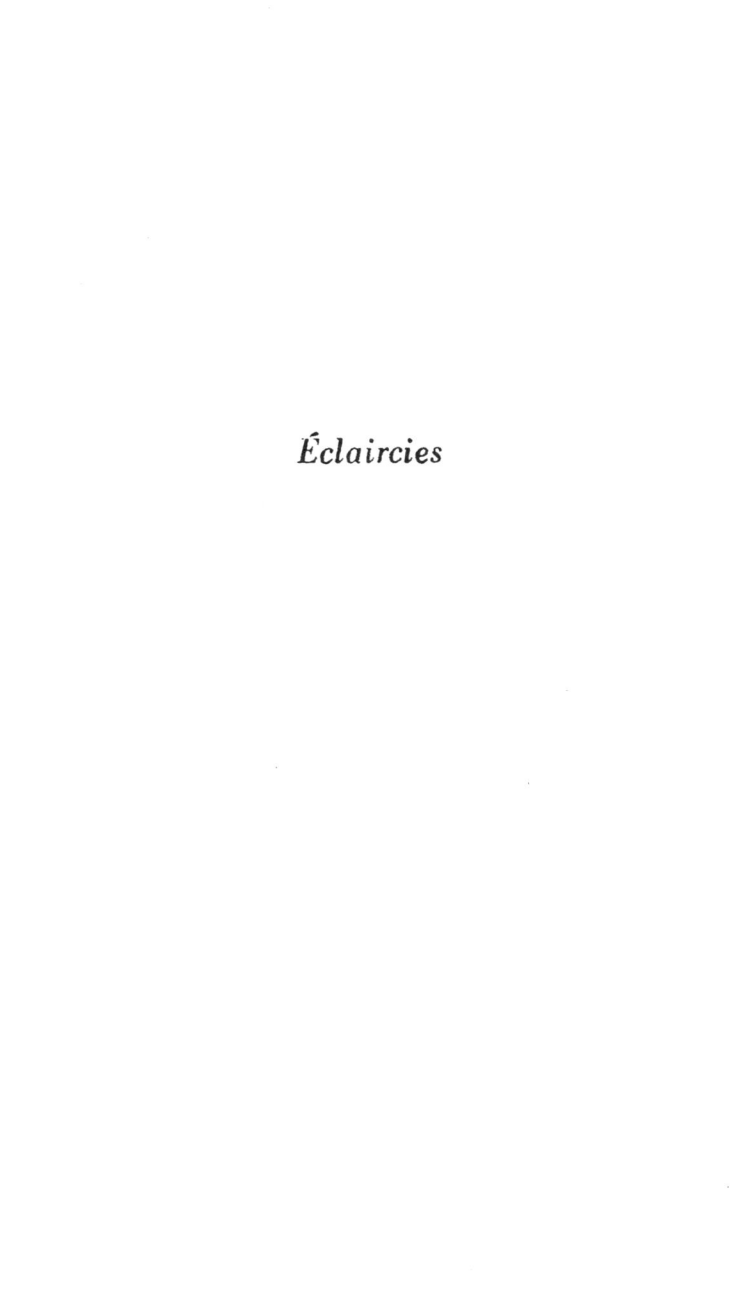

Périodiquement, bien que je suppose (et l'aie écrit plus d'une fois) que toute vérité tiendrait en définitive pour moi dans une image (comme celle de la cloche désaccordée par la neige que j'ai citée, chez Hölderlin), je ne puis m'empêcher d'essayer de faire le point, parce qu'il est impossible de s'en tenir aux images; mais je m'aperçois bientôt que faire le point n'est guère moins impossible, parce que mon savoir manque d'étendue, ma pensée de fermeté et de force, peut-être aussi, je le voudrais, pour des raisons moins négatives. Quoi qu'il en soit, le fait est qu'un discours continu, dès que j'aborde ce domaine, m'est interdit, et qu'il me faut me borner à des notes.

Hölderlin était profondément chaste. Ce qu'il a aimé dans les dieux païens, ce ne fut point la part qu'ils font au désir; et la virginité du Christ ne devait pas le gêner, comme elle en a gêné beaucoup d'autres, et, notamment, Rilke.

Il y avait deux hommes en Rilke : l'un qui prônait l'amour irréalisé, élan sans but ou dépassant son but, élan *pur*, et l'autre, plus caché, qui, désespérément résolu à célébrer le terrestre, devait s'efforcer d'inclure dans sa célébration le plaisir; et qui, ce faisant, devait se heurter au Christ. Mais ce refus du Christ revêt une forme d'une violence si étrange chez ce maître de la nuance, qu'elle paraît suspecte, excessivement subjective, liée à quelque trouble inavoué. La question n'en reste pas moins nettement posée, ainsi dans la *Lettre du jeune ouvrier* écrite, significativement, au moment même où Rilke projetait hors de lui, avec la violence triomphante d'un assouvissement, les *Élégies :* «... Et c'est là, dans cet amour qu'avec un intolérable mélange de mépris, de convoitise et de curiosité ils appellent " sensuel ", c'est là qu'il convient sans doute de rechercher les plus déplorables conséquences de ce rabaissement que le christianisme crut bon de ménager au terrestre. Là tout est défiguré, refoulé, quoique nous naissions de ce si profond événement et que nous possédions en lui le centre de nos ravissements.

Puis-je l'avouer? Il m'est de plus en plus incompréhensible qu'une doctrine qui nous met dans notre tort *là* où la créature tout entière jouit de son droit le plus sacré, qu'une telle doctrine ait le droit de continuer — sinon à jamais s'avérer, du moins à s'affirmer. (...) Pourquoi, si la faute ou le péché devait être inventé à cause de la tension intérieure de l'âme, pourquoi ne l'a-t-on pas fait porter sur une autre partie de notre corps, pourquoi l'a-t-on fait tomber là, attendant que le péché se dissolve en notre source pure pour la troubler et l'empoisonner? Pourquoi nous a-t-on rendu notre sexe apatride au lieu d'y transférer la fête de nos pouvoirs intimes? (...) Le mensonge et l'insécurité épouvantables de notre époque ont leur source dans l'impossibilité d'avouer le bonheur du sexe, dans cette culpabilité singulièrement erronée qui s'accroît sans cesse et nous coupe de tout le reste de la nature, même de l'enfant, — et pourtant, comme je l'appris en cette inoubliable nuit, l'innocence de l'enfant ne consiste pas dans le fait qu'il ignorerait, pour ainsi dire, le sexe, — " au contraire ", dit Pierre d'une voix presque neutre, " cet insaisissable bonheur qui s'éveille en *un* endroit dans la pulpe de l'étreinte est encore répandu anonymement sur tout son corps ". Pour définir la situation singulière de notre sexualité, on pourrait donc dire : autrefois nous étions *partout* enfant, maintenant nous ne le sommes plus qu'en un endroit [1]... » Affirmations où il doit y avoir un curieux mélange de vrai et de faux, mais auxquelles on ne pense guère, en tout cas, en évoquant le « Dottor Serafico » (ainsi que Marie de la Tour et Taxis appelait son ami, en souvenir du saint François de Dante), et qui pourraient lui valoir aujourd'hui une autre sorte d'admirateurs.

Je pense néanmoins que Rilke, par nature, était plutôt fait pour l'amour séraphique dont Musil, peu d'années plus tard, devait poursuivre à sa façon le rêve. Les messagers de cette sorte d'amour étaient aussi des anges, mais dont Rilke a dit expressément qu'ils n'étaient pas ceux du Nouveau Testament. Or, ces anges qui l'ont hanté surtout aux moments les plus désolés de sa vie, ces anges dont le mouvement pur tisse l'étoffe du monde indiscontinu dont il eût aimé ne jamais sortir, où il n'y aurait plus eu de solution de continuité entre la vie et la mort, le corps et l'âme, la terre et le ciel, ces anges, si admirable que soit leur vol argenté dans sa poésie, je ne puis m'empêcher de penser qu'au moment de sa mort, ils ne l'ont pas

---

[1]. R. M. Rilke : *Prose* (Paris, 1966), p. 347-349.

assisté. Les souffrances qu'il endura dans ses derniers jours, avec un courage d'autant plus remarquable que sa sensibilité était vive, furent (et c'est sans doute leur propre) *tout autre chose* que ce qu'il avait appelé jusqu'alors, quelquefois trop complaisamment, de ce nom; et le bûcher sur lequel son tout dernier poème dit qu'il est monté rougeoie de reflets infernaux. C'est dans cette lumière-là que le Christ se rapproche, et qu'il grandit.

Pourquoi ne pas énoncer crûment ce qui est ressenti spontanément par beaucoup? Que le Christ apparaît comme le dieu de la détresse et de la dernière extrémité; que ce n'est pas un hasard (quand même il y aurait eu là déformation de l'Évangile) s'il a été présent au mur de presque tous ses fidèles depuis des siècles sous la forme d'un cadavre, et d'un cadavre bafoué, torturé? Qu'il est un dieu sacrifié, lié à la mort? Le rêve d'un dieu livré à la souffrance et à la mort avait été rêvé déjà par l'Égypte et la Grèce, mais sans s'incarner ainsi, avec une force telle que toute l'histoire de l'Occident, pendant vingt siècles, devait en être changée. Et il se peut que la pensée (folle, impensable — et l'Église d'aujourd'hui semble ne rien craindre plus que l'impensable, pour ramener Dieu à de plus communes mesures), que la pensée impensable d'un Dieu incarné dans un homme mortel soit la seule qui, vécue comme une vérité absolue, anéantisse en effet l'impensable mort; et il est sûr que la lumière de Pâques, n'étant plus seulement celle du réveil de la « nature », mais celle de la résurrection des morts, doit être pour quiconque en est réellement baigné le suprême secours, jusque dans l'extrême malheur.

Mais cette très mystérieuse beauté des corps que l'art chrétien a condamnée, escamotée ou humiliée, pour ne plus nous montrer qu'une Vierge, une Mère, un Enfant et ce cadavre, alors que se recueille dans un nu du Titien une lumière dorée plus émerveillante, plus éclairante que celle d'aucun soleil couchant, et cette très mystérieuse réalité qu'est le plaisir à ses moments d'accomplissement où l'on dirait que l'être en même temps monte et descend, sombre et vole, que l'homme un instant devient moins homme pour s'allonger à la fois du côté des dieux et du côté des bêtes, *cela* qui est immémorial et commun autant que la mort, peut-on admettre simplement que ce soit le péché qu'il fallait l'immolation de l'Agneau pour effacer? Quand le Christ demande à ses disciples, si on les gifle, de tendre l'autre joue, sans doute propose-t-il l'une des seules voies pour changer le mal en bien, mais n'est-ce pas au prix d'une dangereuse inversion de la nature de l'homme? Si celui-ci s'abêtit frénétiquement aujourd'hui, n'est-ce pas aussi pour se repayer d'une trop longue et trop rigoureuse contrainte? Et ne peut-on pas alors regretter l'harmonie dont semble témoigner une peinture comme celle de la Villa des Mystères?

Kassner a écrit : « Les anciens dieux vers qui se tourne Hölderlin dans sa poésie ont tous nature d'astre. Mais le grand poète voulait aussi en faire un de l'Homme-Dieu : le plus jeune des " anciens dieux " — entreprise qui devait aboutir à la folie, à la folie sacrée du poète, comme d'ailleurs elle en était née. Mais, dans le Christ danseur de cet autre écrivain qui se réfère essentiellement à Hölderlin, le délire divin est devenu, il faut le dire, pur non-sens. Comme si le trouble d'un esprit vraiment pieux devait se manifester encore une fois dans la présomption d'un esprit supérieurement doué [1]. »

Il a écrit également : « Cette grande relation aux astres, au nombre et à tout ce qui

[1]. R. Kassner : *Die Geburt Christi* (Zurich, 1951), p. 40 et p. 118.

s'y rattache manque à l'art moderne. (...) Disant cela, je pense surtout à des peintres comme Van Gogh et Cézanne. Il manque à cet art le bonheur de la répétition, si l'on me comprend bien. Dans le monde où ils étaient placés, ce qui avait été centre un jour a éclaté, s'est scindé en un élément banal, platement collectif, et en angoisse. Aussi vivent-ils en marge, et leurs œuvres sont en marge, comme les rêves que rêvent aujourd'hui les hommes. Parler du manque de centre de l'art moderne n'est que bavardage si nous n'y lions pas une représentation claire de cette vie en marge, du collectif et de l'angoisse. Celle-ci entraîne une conception nouvelle du travail que l'on ne pouvait avoir quand existaient encore des degrés, un rang, des maîtres et des élèves, l'idée de la perfection et celle de la grâce comme sceau d'un monde donné objectivement. J'affirme qu'il n'y avait ni ne pouvait y avoir de fanatique du travail à l'époque du grand art, ce type n'apparaissant qu'avec le collectif, la machine — et la vie en marge qu'ils entraînent. Rilke l'a admiré chez Rodin et chez Cézanne; il relate dans une lettre, non sans l'approuver hautement, que celui-ci n'avait pas assisté aux obsèques de sa mère pour ne pas perdre une seule journée de travail. Il ne m'est pas donné de voir dans ce zèle autre chose qu'infélicité, insécurité, angoisse, vie en marge. »

Kassner, l'un des rares amis véritables que Rilke ait eus, jugeait sa poésie admirable, mais égarée. Il y voyait un exemple éclatant des vains efforts d'un poète pour ressusciter le monde *magique* d'avant l'histoire, d'avant le temps, d'avant le Christ. Souvent, quand je lis sous sa plume de telles critiques à l'égard de ce qu'il est convenu d'appeler la « modernité », je suis tenté de lui donner raison; souvent, il me semble en effet que l'esprit moderne ne nous propose de choix qu'entre un collectivisme et un hyper-individualisme également mortels (qui seraient en fait, selon Kassner, complémentaires). Aussi me suis-je demandé quelquefois s'il n'était pas urgent de rompre avec la fascination qu'ont exercée sur nous les grandes figures maudites de l'art et de la poésie modernes (comme si leur grandeur pouvait cesser de nous hanter!)...

Mais je ne puis aller plus loin; quand Kassner affirme qu'il n'est pas d'autre voie que celle de la Croix, aussitôt reparaît ma faiblesse, mon incapacité totale (ou que j'en suis venu à croire telle), soit à adhérer à une foi (parce qu'il faudrait d'abord *que* cela m'eût parlé du dedans, comme le monde me parle), soit à embrasser d'un regard assez ample un ou plusieurs systèmes, à les comparer, et, jugeant l'un ne serait-ce qu'un peu moins mauvais que l'autre, à le choisir, pour me régler ensuite sur ce choix.

Au fond, chaque fois que je rencontre, où que ce soit, l'expression d'un quelconque dogme, j'éprouve une véritable stupeur : comme s'il n'était pas possible que personne crût ainsi à une vérité unique, définitive. Pourtant, le vol ardent et droit des cantiques de saint Jean de la Croix me touche comme le plus haut rêve; et, si l'on me traitait de sceptique, j'aurais le sentiment que le mot est faux. (Mais il y a là une curieuse question de vocabulaire. Ainsi, l'on a employé une fois ou deux, à propos de tel de mes livres, les mots de « théologie négative »; or, non seulement des mots aussi graves et aussi nobles, appliqués à mes tâtonnements, me font sourire ou me gênent; mais plus généralement, chaque fois que j'en rencontre de pareils, empruntés à un domaine quelconque du savoir, dans un écrit sur la poésie, j'éprouve le même sentiment d'une erreur, d'une inadéquation fondamentale, même si la poésie commentée de la sorte est une poésie dite « savante » (Scève, Góngora, Mallarmé), à plus forte raison s'il s'agit de chansons, de haï-ku, où l'incongruité devrait sauter aux yeux. C'est comme si le noyau de tout poème émettait un rayonnement fatal à ce genre de termes; alors que, pour beaucoup, c'est le contraire qui se produit : l'abus de ces termes offusquant ce rayonnement. Ce n'est pas une raison pour ajouter de la poésie à la poésie. Le langage le plus sobre est celui qui a le plus de chances de rendre compte des œuvres comme il sied. On ne prend pas ce chemin aujourd'hui.)

« Dans un poème, si l'on demande pourquoi tel mot est à tel endroit, et s'il y a une réponse, ou bien le poème n'est pas de premier ordre, ou bien le lecteur n'a rien compris. (...) Pour un poème vraiment beau, la seule réponse, c'est que le mot est là parce qu'il convenait qu'il y fût. La preuve de cette convenance, c'est qu'il est là, et que le poème est beau. Le poème est beau, c'est-à-dire que le lecteur ne souhaite pas qu'il soit autre. (...) La question de Beaumarchais : " Pourquoi ces choses et non pas d'autres? " n'a jamais de réponse, parce que l'univers est vide de finalité. L'absence de finalité, c'est le règne de la nécessité. (...) Le malheur force à sentir avec toute l'âme l'absence de la finalité. Si l'orientation de l'âme est l'amour, plus on contemple la nécessité, plus on serre contre soi, à même la chair, la dureté et le froid métalliques, plus on s'approche de la beauté du monde. C'est ce qu'éprouve Job. C'est parce qu'il fut si honnête dans sa souffrance, parce qu'il n'admit en lui-même aucune pensée susceptible d'en altérer la vérité, que Dieu descendit vers lui pour lui révéler la beauté du monde. (...) Toutes les fois qu'un homme s'élève à un degré d'excellence qui fait de lui par participation un être divin, il apparaît en lui quelque chose d'impersonnel, d'anonyme. Sa voix s'enveloppe de silence. Cela est manifeste dans les grandes œuvres de l'art et de la pensée, dans les grandes actions des saints et dans leurs paroles. (...) Tout être humain est enraciné ici-bas par une certaine poésie terrestre, reflet de la lumière céleste, qui est son lien plus ou moins vaguement senti avec sa patrie universelle. Le malheur est le déracinement [1]. »

Ainsi parle Simone Weil. Après ce que j'ai dit, on pensera que ces affirmations tranchantes me sont contraires. Je les entends plutôt comme la forme extrême d'hypothèses qu'il m'arrive de pressentir, j'aime

1. S. Weil : *Attente de Dieu* (Paris, 1950), p. 177-181.

leur accent, et je ne puis oublier en les lisant combien Simone Weil a été sensible à la lumière grecque en même temps qu'à celle du Christ. Au surplus, ce qu'elles ont de tranchant traduit peut-être davantage une anxieuse volonté de certitude qu'un dogmatisme. De telles pensées sont ouverture.

Ainsi suis-je véritablement errant, partagé, sans que cette incertitude puisse être jugée vertu. Je vois bien qu'il faut que les choses changent, et je ne conçois dans aucun domaine de possibilité d'un simple retour en arrière; mais la façon dont elles changent, presque partout, ne me persuade pas. Alors? Que puis-je dire, et faire, si je dois admettre aussi, comme il semble, que lire plus de livres ou en lire mieux quelques-uns ne me guérirait pas de mes doutes? Ne ferais-je pas mieux de me taire que d'avouer une situation aussi piteuse, une attitude presque inadmissible (encore que je la préfère à tout fanatisme), et qui peut entraîner des conséquences fâcheuses ou ridicules dans la vie quotidienne où elle multiplie les hésitations et les problèmes?

Je n'ai jamais oublié une question que Brice Parain m'a posée la première et la seule fois que je l'ai vu. Cette question m'avait décontenancé et touché exactement comme son visage, un beau visage d'artisan (comme Braque en avait un de marin) inattendu dans la maison où eut lieu cette rencontre. Cette question m'avait étonné parce qu'elle venait, à brûle-pourpoint, de quelqu'un que je connaissais à peine, et parce qu'elle était tellement simple, tellement directe : « Mais vous, quelle est votre espérance ? » Est-ce que je pourrais aujourd'hui, vingt ans plus tard ou à peu près, y répondre mieux que par la confuse dérobade qui fut la mienne alors, à moi qui de toute façon n'ai jamais pu participer décemment à aucun entretien, à peine ébaucher un vrai dialogue ?

> *Poids des pierres, des pensées*
> *Songes et montagnes*
> *n'ont pas même balance*
> *Nous habitons encore un autre monde*
> *Peut-être l'intervalle*

C'est ainsi que j'ai essayé de saisir en poème, un jour, ce sentiment qu'il doit y avoir *deux mesures, deux ordres de mesure;* parce que ce que nous vivons, douleur ou joie, dans une vie, ou même en un bref instant, nous comprenons bien que c'est sans rapport avec les millions, les milliards d'années ou de kilomètres de la science. (Sentiment que fortifie la distinction fondamentale de Kassner entre « nombre » et « vision », « observation » et « intuition ».) Ce sentiment d'échapper par quelque côté, ou d'avoir en soi une part essentiellement réfractaire, au nombre, ce pourrait être l'ébauche d'une espérance.

En fait, de toutes mes incertitudes, la moindre (la moins éloignée d'un commencement de foi) est celle que m'a donnée l'expérience poétique; c'est la pensée qu'*il y a de l'inconnu*, de l'insaisissable, à la source, au foyer même de notre être. Mais je ne puis attribuer à cet inconnu, à *cela*, aucun des noms dont l'histoire l'a nommé tour à tour. Ne peut-il donc me donner aucune leçon — hors de la poésie où il parle —, aucune directive, dans la conduite de ma vie?

Réfléchissant à cela, j'en arrive à constater que néanmoins, en tout cas, il m'oriente, du moins dans le sens de la *hauteur;* puisque je suis tout naturellement conduit à l'entrevoir comme le Plus Haut, et d'une certaine manière, pourquoi pas? comme on l'a fait depuis l'origine, à le considérer *à l'image du ciel...*

Alors, il me semble avoir fait un pas malgré tout. Quand même je ne pourrais partir d'aucun principe sûr et que mon hésitation se prolongeât indéfiniment, quand même je ne pourrais proposer à mon pas aucun but saisissable, énonçable, je pressens que dans n'importe quelles conditions, à tout moment, en tout domaine et en tout lieu, les actes éclairés par la lumière de ce « ciel » supérieur ne pourraient être « mauvais »; qu'une vie sous ce ciel aurait plus de chances qu'une autre d'être « bonne ». Et pour être moins vague, il faudrait ajouter que la lumière qui nous parviendrait de ces hauteurs, par éclaircies, lueurs éparses et combattues, rares éclairs, et non continûment comme on le rêve, prendrait les formes les plus diverses, et non pas seulement celles que lui a imposées telle morale, tel système de pensées, telle croyance. Je l'apercevrais dans le plaisir (jugeant meurtrier celui qu'elle n'atteindrait pas), mais aussi, ailleurs, dans le renoncement au plaisir (en vue d'une clarté accrue); dans les œuvres les plus grandes où elle m'a été d'abord révélée et où je puis aller la retrouver sans cesse, mais aussi dans une simple chanson, pourvu qu'elle fût vraiment naïve; dans l'excès pur, la violence, les refus de quelques-uns, mais non moins, et c'est là ce que m'auront appris surtout les années, dans la patience, le courage, le sourire d'hommes effacés qui s'oublient et ne s'en prévalent pas, qui endurent avec gaieté, qui rayonnent jusque dans le manque. Sans doute est-on sans cesse forcé d'affronter de nouveau, avec étonnement, avec horreur, la face mauvaise de l'homme; mais sans cesse aussi, dans la vie la plus banale et le domaine le plus borné, on peut rassembler ces autres signes, qui tiennent dans un geste, dans une parole usée faite beaucoup moins pour énoncer quoi que ce soit que pour amorcer un échange, ajouter au strict nécessaire du « commerce » un peu de chaleur gratuite, un peu de *grâce :* autant de signes presque dérisoires, de gestes essayés à tâtons, comme pour rebâtir inlassablement la maison, refaire aveuglément le jour; autant de sourires grâce auxquels mon ignorance me pèse moins.

J'aimerais bien aller au-delà de ce peu; tirer de ces signes épars une phrase entière qui serait un commandement. Je ne puis. Je me suis prétendu naguère « serviteur du visible ». Ce que je fais ressemblerait plutôt, décidément, au travail du jardinier qui nettoie un jardin, et trop souvent le néglige : la mauvaise herbe du temps...

Où sont les dieux de ce jardin? Quelquefois je me vois pareil, dans mon incertitude, à ces flocons de neige que le vent fait tournoyer, soulève, exalte, lâche, ou à ces oiseaux qui, moitié obéissant au vent, moitié jouant avec lui, offrent à la vue une aile tantôt noire comme la nuit, tantôt miroitante et renvoyant on ne sait quelle lumière.

(On pourrait donc vivre sans espérance définie, mais non pas sans aide, avec la pensée — bien proche de la certitude celle-là — que s'il y a pour l'homme une seule chance, une seule ouverture, elle ne serait pas refusée à celui qui aurait vécu « sous ce ciel ».)

(La plus haute espérance, ce serait que tout le ciel fût vraiment un regard.)

NOTE BIO-BIBLIOGRAPHIQUE

Philippe Jaccottet est né à Moudon (Suisse) en 1925 et mort le 24 février 2021 à Grignan. Après des études de lettres à Lausanne, il a vécu quelques années à Paris comme collaborateur des éditions Mermod. À son mariage, en 1953, il s'est installé à Grignan, dans la Drôme.

Philippe Jaccottet a publié de nombreuses traductions, notamment d'Homère, Góngora, Hölderlin, Rilke, Musil et Ungaretti.

Œuvres :

Aux Éditions Gallimard

L'EFFRAIE ET AUTRES POÉSIES.

L'IGNORANT, poèmes 1952-1956.

ÉLÉMENTS D'UN SONGE, proses.

L'OBSCURITÉ, récit.

AIRS, poèmes 1961-1964.

L'ENTRETIEN DES MUSES, chroniques de poésie.

PAYSAGES AVEC FIGURES ABSENTES, proses.

POÉSIE 1946-1967, choix. Préface de Jean Starobinski.

À LA LUMIÈRE D'HIVER, *précédé de* LEÇONS *et de* CHANTS D'EN BAS, poèmes.

PENSÉES SOUS LES NUAGES, poèmes.

LA SEMAISON, carnets 1954-1979.

À TRAVERS UN VERGER *suivi de* LES CORMORANS *et de* BEAUREGARD, proses.

UNE TRANSACTION SECRÈTE, lectures de poésie.

CAHIER DE VERDURE, proses et poèmes.

APRÈS BEAUCOUP D'ANNÉES, proses et poèmes.

ÉCRITS POUR PAPIER JOURNAL, chroniques 1951-1970.

À LA LUMIÈRE D'HIVER *suivi de* PENSÉES SOUS LES NUAGES, poèmes.

LA SECONDE SEMAISON, carnets 1980-1994.

D'UNE LYRE À CINQ CORDES, traductions 1946-1995.

OBSERVATIONS et autres notes anciennes 1947-1962.

CARNETS 1995-1998 (La Semaison, III).

ET, NÉANMOINS, proses et poésies.

CORRESPONDANCE AVEC GUSTAVE ROUD 1942-1976. Édition de José-Flore Tappy.

CE PEU DE BRUITS, proses.

CORRESPONDANCE AVEC GIUSEPPE UNGARETTI 1946-1970. Édition de José-Flore Tappy.

ŒUVRES, Bibliothèque de la Pléiade. Édition de José-Flore Tappy.

LE DERNIER LIVRE DE MADRIGAUX, poèmes.

LA CLARTÉ NOTRE-DAME.

Chez d'autres éditeurs

LA PROMENADE SOUS LES ARBRES, proses (*Bibliothèque des Arts*).

GUSTAVE ROUD (*Seghers*).

RILKE (*Points poésie, Le Seuil*).

LIBRETTO (*La Dogana*).

REQUIEM, poème (*Fata Morgana*).

CRISTAL ET FUMÉE, notes de voyage (*Fata Morgana*).

TOUT N'EST PAS DIT, billets 1956-1964 (*Le Temps qu'il fait*).

HAÏKU, transcriptions (*Fata Morgana*).

NOTES DU RAVIN (*Fata Morgana*).

LE BOL DU PÈLERIN. MORANDI (*La Dogana*).

NUAGES, prose (*Fata Morgana*).

À PARTIR DU MOT RUSSIE, essais (*Fata Morgana*).

TRUINAS : LE 21 AVRIL 2001 (*La Dogana*).

ISRAËL, CAHIER BLEU (*Fata Morgana*).

DE LA POÉSIE, entretiens avec Reynald André Chalard (*Arléa*).

REMARQUES SUR PALÉZIEUX (*Fata Morgana*).

POUR MAURICE CHAPPAZ (*Fata Morgana*).

UN CALME FEU, Liban-Syrie (*Fata Morgana*).

AVEC ANDRÉ DHÔTEL (*Fata Morgana*).

COULEUR DE TERRE (*Fata Morgana*).

LE COMBAT INÉGAL (*La Dogana*).

TACHES DE SOLEIL, OU D'OMBRE (*Le Bruit du temps*).

PONGE, PRAIRIES, PÂTURAGES (*Le Bruit du temps*).

PÉPIEMENT DES OMBRES, correspondance avec Henri Thomas (*Fata Morgana*).

Le premier texte de ce livre, *Paysages avec figures absentes*, a paru, sous le titre *Paysages de Grignan*, pour introduire des gravures de Gérard de Palézieux à la bibliothèque des Arts (Lausanne, 1964).

Paysages avec figures absentes.	7
Sur le seuil.	35
Bois et blés.	41
La tourterelle turque.	49
Travaux au lieu dit l'Étang.	57
Oiseaux invisibles.	71
Le pré de mai.	81
Prose au serpent.	87
Soir.	101
Même lieu, autre moment.	107
Deux lumières.	113
« Si les fleurs n'étaient que belles… »	121
« Si simples sont les images, si saintes… »	143
Éclaircies.	163
NOTE BIBLIOGRAPHIQUE.	183

DU MÊME AUTEUR

Dans la même collection

POÉSIE 1946-1967. *Préface de Jean Starobinski.*

À LA LUMIÈRE D'HIVER, *précédé de* LEÇONS *et de* CHANTS D'EN BAS *et suivi de* PENSÉES SOUS LES NUAGES.

CAHIER DE VERDURE, *suivi de* APRÈS BEAUCOUP D'ANNÉES.

L'ENCRE SERAIT DE L'OMBRE. *Notes, proses et poèmes choisis par l'auteur (1946-2008).*

L'ENTRETIEN DES MUSES. *Chroniques de poésie.*

UNE TRANSACTION SECRÈTE. *Lectures de poésie.*

Ce volume,
le trois cent dix-septième de la collection Poésie
a été achevé d'imprimer sur les presses
de l'imprimerie Novoprint,
le 20 février 2023.
Dépôt légal : février 2023
1er dépôt légal dans la collection : décembre 1997

ISBN 978-2-07-040427-8 / Imprimé en Espagne

597145